4·16구술증언록 단원고 2학년 3반 제15권

그날을 말하다

시우 엄마 문석연

4·16구술증언록 단원고 2학년 3반 제15권

그날을 말하다

시우 엄마 문석연

4·16기억저장소 기획 편집
(사) 4·16세월호참사가족협의회 지원 협조

　4·16기억저장소에서는 세월호 참사 5주기를 맞아 구술증언 수집 사업의 결과물 일부를 100권의 책으로 발간하게 되었습니다. 이 사업은 2015년 6월부터 다양한 학문 분야 구술 연구자들의 자발적인 참여로 진행되어 왔으며, 세월호 참사를 좀 더 정확하고 다각적으로 기록하고 기억하고자 하는 노력의 일환으로 수행되었습니다.

　2014년 참사 발생 이후, 참사 피해자들의 목격담과 경험은 안타깝게도 공식적인 국가기관과 언론의 기록 속에서 철저히 소외되거나 왜곡되었습니다. 그것은 세월호 참사가 우리에게 안긴 죽음과 고통의 충격만큼이나 우리 사회의 끔찍한 비극이었습니다. 따라서 사업을 진행하면서 세월호 참사 희생자 가족, 생존자, 생존자 가족, 어민, 잠수사, 활동가, 기자 등등, 참사의 초기 과정을 직접 경험한 분들의 증언을 우선적으로 수집했습니다. 구술자는 이 사업의 취지와 방식에 개인적으로 동의한 분 중에서 선정했으며, 참여 과정에 어떠한 금전적 보상이나 이익이 제공되지 않았습니다. 또한 구술증언 수집 사업을 진행하는 동안, 면담자는 연구자이자 참사를 겪은 공동체 시민으로서 최대한 윤리적이고자 노력했습니다.

구술자마다 매회 약 2시간씩 3회를 원칙으로 음성 녹취와 영상 촬영을 하는 방식으로 진행되었고, 증언의 일관성을 확보하기 위해 면담자는 큰 틀에서 공통 질문지를 사용했습니다. 공통 질문지의 내용은 참사와 구술자 간의 관계성에 따라 차이가 있지만, 유가족 구술의 경우 1회차 '참사 이전의 삶, 팽목항과 진도에서의 경험, 자녀에 대한 기억'을, 2회차 '참사 이후 투쟁과 공동체 활동 경험'을, 3회차 '참사 이후 개인 및 가족이 경험한 삶의 변화와 깨달음, 자녀의 현재적 의미'를 중심으로 했습니다. 이처럼 증언 내용은 참사 이전에서 시작해 참사 발생 당시의 경험과 이후의 변화 과정까지 폭넓게 수집했고, 면담자는 구술 채록 과정에서 구술자의 발화를 최대한 존중하고자 했으며, 무엇보다 각자의 특수한 경험과 다른 시각을 충실히 반영하고자 했습니다.

이 구술증언록의 발간을 위해, 채록된 음성 자료는 문서로 변환해 구술자와 함께 검토했고, 현재 시점에서 공개할 수 있는 영역과 할 수 없는 영역으로 구별했습니다. 따라서 책에 실린 내용은 모두 구술자로부터 공개를 허락받은 부분입니다. 비공개 영역은 추후 구술자의 동의를 받아 적절한 절차를 거쳐 추가로 공개될 수 있으리라 생각합니다.

이 구술증언록 100권에는 그동안 우리 사회에 왜곡되어 알려지거나 잘 알려지지 않았던, 참사 발생 직후 팽목항과 진도 혹은 바다에서의 초기 상황에 관한 중요한 증언이 포함되어 있습니다. 또한, 자녀를 잃는 잔인하고 애통한 상황을 겪으면서도 그 누구보다 강인한 정치적 주체로 성장할 수밖에 없었던 유가족의 마음과 경험을 구체적으로, 그리고 여러 각도에서 살펴볼 수 있습니다. 그 외에도, 이 구술증언록은 2014년을 전후한 한국 사회의 여러 측면을 드러내는 귀중한 자료가 되리라고 생각합니다. 무엇보다 국내외의 많은 분이 이 책을 읽어, 장차 세월호 참사의 진상 규명과 역사 서술에 기여할 수 있기를 바랍니다.

구술증언 수집 사업이 진행되고, 책으로 출간되기까지 많은 분의 도움과 지지가 있었습니다. 이 지면을 빌려 부족하나마 감사의 말씀을 전하고자 합니다.

먼저 (사)4·16세월호참사가족협의회와 4·16기억저장소에 감사를 드립니다. 이분들의 신뢰와 적극적인 협조가 없었다면, 이 사업은 처음부터 시작할 수조차 없었을 것입니다. 또한 어려운 정치 환경 속에서도 사업의 취지에 공감해 재정 지원을 결정해 준 아름다운가게와 역사문제연구소에 감사드립니다. 두 단체 덕분에, 이 사업을 4년 동안 계속해 올 수 있었습니다. 그리고 구술증언록 100권의 발간에 동의하고, 바쁜 일정에도 출판 실무를 기꺼이 맡아주신 한울엠플러스(주)에도 감사를 드립니다. 이 외에도 많은 개인과 단체가 직간접적으로 많은 도움을 주시고 격려해 주셨습니다. 여기에 모두 밝히지 못하는 것을 죄송하게 생각합니다.

　말할 필요도 없이, 가장 크고 또 가슴 아픈 감사는 구술자 한 분한 분께 드리고자 합니다. 이 책이 발간될 수 있었던 것은, 무엇보다 용기를 내어 아픔과 고통의 기억을 다시 떠올리고 장시간 진심으로 이야기를 해주신 구술자가 있었기 때문입니다. 오랜 시간 이야기를 나누며 함께 공감하기도 했지만, 그 아픔과 고통을 어떻게 가늠할 수 있을까 싶습니다. 더 큰 도움이 되지 못함을 안타까워하며, 이 구술증언록 100권의 발간이 피해자분들에게 조금이라도 위로가 될 수 있기를 기원합니다.

2019년 4월

4·16기억저장소 구술팀 책임자
서울대학교 인류학과 교수 이현정

차례

■ 1회차 ■

시우* 엄마 문석연

구술자 문석연은 단원고 2학년 3반 생존 학생 이시우의 엄마다. 시우는 참사 후 6년이 지난 지금도 트라우마 판정을 받을 정도로 큰 정신적 고통을 겪고 있지만, 대학생활을 꿋꿋하게 잘 버텨내면서 생존 학생들의 모임인 '메모리아'에서 활동을 지속하고 있다. 엄마는, 그런 시우가 걱정이 되면서도 자랑스럽고 대견하다. 엄마는 좋아했던 직장을 그만두고 진상 규명과 생존 학생들에 대한 국가의 책임을 묻기 위해 4·16가족협의회 회원조직분과 팀장으로서 오늘도 최선을 다하고 있으며, 시우와 함께 참사 이후의 새로운 삶을 이어가기 위해 노력하고 있다.

문석연의 구술 면담은 2020년 4월 13일, 14일, 2회에 걸쳐 총 5시간 20분 동안 진행되었다. 면담자는 김익한, 촬영자는 강재성이었다.

구술자 본인의 프라이버시나 제3자의 프라이버시를 보호해야 할 부분을 제외하고는 구술자의 발화를 있는 그대로 전사했다.

* 구술자와 생존 학생 당사자의 요청에 따라, 이번 권에서는 가명을 사용합니다.

1회차

2020년 4월 13일

1
시작 인사말

면담자　　　본 구술증언은 4·16 사건에 대한 참여자들의 경험과 기억을 기록으로 남김으로써 이후 진상 규명 및 역사 기술에 기여하고자 합니다. 지금부터 문석연 씨의 증언을 시작하겠습니다. 오늘은 2020년 4월 13일이며, 장소는 안산시 단원구 4·16기억교실 교육장입니다. 면담자는 김익한이며, 촬영자는 강재성입니다.

2
구술증언 참여 동기 및 안산에 정착하게 된 계기

면담자　　　이렇게 어려운 걸음 해주셔서 감사드립니다. 생존 학생 엄마로서 구술에 응하시기가 쉽지는 않으셨을 텐데, 이렇게 구술에 참여하기로 결정하시게 된 계기나 이유가 있으시다면 무엇일까요?

시우 엄마　　　하고 싶었는데 못 했던 건 아니고요. 연락이 와서 "생존자 가족들도 그런 걸 해야 하지 않을까?" 그래서 설득을 당했다고 해야죠. (면담자 : 누가 연락했어요?) 재강 어머니가 애진 아버지한테 했나 봐요. 그래 가지고 애진 아버지가 저한테.

면담자　　　애진 아빠한테 설득당하셨군요? (웃음)

시우 엄마　　　아, 재강 어머니가 제가 하는 게 좋겠다고 하셨다고 그렇게 들었어요.

면담자   지금 심리생계분과에서 팀장 역할도 하고 계시고 하니까 그런 요청이 들어갔나 보네요. 여하튼 다시 한번 감사드리고요. 구술하시는 내용이 어떻게 사용되길 바라시는지요?

시우 엄마   어, 크게는, 필요한 부분들이 법으로도 제정이 됐으면 좋겠고요, 우리 안에 [생각, 바람] 그런] 것들이 녹아들어서. 그리고 또 같이 아픔을 겪는 사람들이 '아, 나만 이런 게 아니구나. 이런 사람들이 있고, 이런 시간들 보냈구나', 그리고 그 안에서 '아, 나도 이렇게 하면 참 좋겠구나', 그런 것들도 좀 얻을 수 있으면 좋겠고…, 그러한 바람이죠. 모르던 사람들[에게]도 '아, 이렇게 아직도 끝나지 않고 그렇게 힘든 시간을 보내고 있지만 잘 견디고 있구나' 그런 마음[이 전해졌으면 좋겠어요].

면담자   생존 학생에 대해 우리 사회가 사실 관심을 거의 두고 있지 않은 것이 현실이잖습니까?

시우 엄마   그렇죠. 관심도 적은 거 같아요, 훨씬.

면담자   생존 학생의 현실, 그 부모들의 생각 등이 우리 사회에 좀 더 넓게 공유되어야 한다고 생각하지는 않으셨어요?

시우 엄마   그런 생각도 들죠.

면담자   구술에서 어떤 이야기들을 주로 나누는지 안내받으셨을 것 같은데, 오늘은 어머님 생애사를 먼저 다루고, 이어서 참사 당일, 그리고 그 이후의 활동에 대해 말씀 나누려고 해요. 생애사가 포함되어 있어서 좀 그러셨을 수도 있는데(웃음).

시우 엄마 문석연

| 시우 엄마 | 어, 그런 게 있더라구요. 그거 되게 부담스러웠는데 |
| (웃음). | |

| 면담자 | 어머님이 어떤 분이시고, 참사 이후 어떻게 삶이 바뀌 |
셨는지를 기록으로 남기는 작업이라서 최소 수준으로 생애사를 다루는 것이니 양해 부탁드리겠습니다. 먼저 어디서 태어나셨어요?

시우 엄마 전주요.

면담자 아, 전주서 쭉 자라셨군요? 그러다가 안산으로 올라온 계기는?

시우 엄마 결혼하고요.

면담자 몇 년?

시우 엄마 [19]97년? 96년에 결혼했어요. 96년에 결혼을 해서 97년 1월에 왔어요. (면담자 : 안산으로?) 네.

면담자 결혼하기 전에는 그럼 전주에 쭉 사셨어요?

시우 엄마 저는 전주에 계속 살았어요.

면담자 어릴 때는 어떤 아이셨어요? 밝게 뛰노는, 아니면 문학소녀? (웃음) 어머니 스스로 생각하시기에 어느 쪽이셨어요?

시우 엄마 그니까 저는 성격을 보면 되게 외향성과 내향성의 가운데쯤 있는 거 같아요. 어떨 때는 굉장히 활발했다가 어떨 때는 또 굉장히 차분하고, 그 두 가지를 같이. 그니까 어느 쪽에 더 치우친지 잘 모르겠더라고요. 그래서, 성격은 그렇고 밝아요, 밝고 명랑하고 시끄럽고(웃음).

면담자　　　　오래된 이야기이시기는 하겠지만, 초등학교 때 기억
나는 에피소드 같은 거 있으셔요?

시우 엄마　　　초등학교 때는 사실 되게 좀 내성적으로 지냈던 거 같
아요, 제 기본 성향이 밝은 거에 비해서. 왜냐면은 저는 엄마가 어렸
을 때, 제가 몇 살 때인지 정확하게 모르겠는데, 한 5살? 6살? 그쯤에
독일로 파독 간호사로 나가 계셨어요. 그래서 엄마가 안 계시고, 아
빠랑 남동생이랑 이제 집에서 일해주시는 분하고 그렇게 지냈거든
요. 근데 애들은 엄마가 없으면 되게 기가 죽잖아요. 그런 거였던 거
같아요. 그리고 남동생이 저보다 3살 어린데, 걔한테 제가 엄마 같
은, 그니까 모성애가 일찍 발달한 거 같아요. 그래서 걔는 이렇게 애
기 같고 그래서 맨날 걔를 챙겨야 되고, 걔가 조금 아프면은 제가 너
무 걱정되고…. 그래서 초등학교 입학식이 가장 기억이 나는데(웃
음), 입학통지서가 이렇게 있잖아요. 이거 들고서 이제 집에서, 이제
그때는 먼 친척 언니가, 이모가 저희 집안 살림을 해주고 있었는데,
학교 가는데 동생을 두고 가야 되는 게 너무 싫어 가지고 "학교 안
간다"고 그랬는데, 질질 끌려가다가 제가 반항을 어떻게든 하고 싶
어서 그 입학통지서 버렸어요, 길에다가. 한참 가다가 이모가 [입학
통지서가] 없으니까 다시 돌아가 가지고 막 뭐라고 하면서 그걸 들고
갔거든요. 울면서 갔어요, 학교를, '내가 없으면 쟤는 너무 하루 종
일 힘들 텐데' 그런 생각이 들어서. 갔다 와보니까 너무 잘 놀고 있
더라고요(웃음). 그래서 그다음부터는 마음 편히 학교를 갔죠.

면담자　　　모성애라는 표현이 확 와닿는 에피소드네요. 중고등학교도 전주에서 쭉 다니신 거죠? (시우 엄마 : 네, 네) 마음은 고우셨는데 공부는 잘하셨나 몰라(웃음).

시우 엄마　　　아니요(웃음). 공부하는 거를 별로 좋아하지 않는 거 같아요. 제가 보면은 그런 거 같아요. 그니까 중고등학교는 너무너무 재미있게 다녔었어요. 엄마가 이제 초등학교 제가 4학년 2학기 때 오셨거든요. 그래서 뭐, 근데 기본 밝기 때문에 그리고 아빠가 6학년 때 돌아가셨어요, 위암이셔 가지고. 그랬는데 친구들은 아무도 제가 아빠가 안 계신 아이라는 걸 생각을 못 했어요. (면담자 : 너무 밝아서서?) 네. 그리고 저는 뭐 그게 물론 집에 가면 슬프고 나 혼자 우는 시간도 많았고 그랬어요. 그리고 사춘기 때는 자면서 많이 울었거든요. 왜냐면 '엄마밖에, 나한테, 우리한텐 엄마밖에 안 계시는데, 엄마가 돌아가시면 내 동생은 어떻게 하지?' 그게 정말 너무 걱정이 되더라고요, 사춘기 때. 그래서 사춘기, 중학교 그때는 그래서 많이 울었던 거 같아요. 잘 때마다 그런 걱정이 너무 됐어요. 그니까 저 걱정이 되는 게 아니라 '만약에 엄마가 안 계시면 우리는 어떻게, 능력이 없는데 그걸 어떻게 해야 하지? 쟤는 그럼 어떻게 되는 거지? 내 동생을 어떻게 해야 할까?' 막 그런 걱정을 너무 사서 했던 거 같아요. 사춘기라서. 근데 그때가 지나고 나서부터는 그냥 재밌게 잘 지냈어요.

면담자　　　그런 마음의 어려움을 잘 이겨내시고 밝은 중고등학교 시절을 보내신 거네요. 그러면 아마 친구들도 많으셨을 것 같은데, 중고등학교 때 친구들은 지금도 만나셔요? (시우 엄마 : 네, 네) 그럼 대부분 전주에 사시겠네요?

시우 엄마 아, 전주에도 살고, 학교 친구들도 이제 서울에 살기도 하고 그러는데, 그 친구들보다 저는 성당 친구들이 더 훨씬 많아요, 지금까지 계속 만나고. 고등학교 때는 성당에서 그 '셀(cell)'이라는 모임이 있어요. 그래 가지고 거기서 이렇게 고등학교, 고등학생들의 모임이에요, 성경 공부도 하고, 같이 모여서 얘기, 수다도 떨고, 막 그런 게 있었거든요. 그래서 그 시간이 저를 많이 성장시켰던 것 같아요, 그 모임이. 그래서 그때 우리 기수 친구들이 지금도 만나요. 가족끼리 전부 다 만나기도 하고, 이제 제가 전주에 내려가면 이제 "왔다", 그리고 "모여라" 그래서 다 한꺼번에 모여서 항상….

면담자 아, 성당 다니셨군요. 전주는 전동성당이 유명하잖아요. 고딕양식에 정말 아름다운 성당인데. (시우 엄마 : 네, 거기서 결혼했어요(웃음)) 전동성당을 다니신 건 아니죠?

시우 엄마 네, 어머님이, 저희 시댁이 거기 전동성당이셨고요, 저는 숲정이성당이라고, 이름 예쁘죠? 옛날에는 거기가 그 숲정이라는 그 저기 [순교지]였대요. 그래서 거기서 순교도 많이 당하고, 그 성지의 이름을 따서 숲정이라고, 네.

면담자 그런 가톨릭적인 문화에서 자라셨으면 심성이 고우셨겠네요(웃음).

시우 엄마 착하죠(웃음). (면담자 : 본명은?) 엘라예요. (면담자 : 지금도 그럼 성당에 꾸준히 나가서요?) 네, 네. (면담자 : 어디 성당?) 지금은 와동성당, 네. 성당은 다 구역으로 나뉘어서 정해져 있기 때문에, 와동 일치의 모후 성당[에 다녀요].

면담자   아, 와동이면 참사 이후에 수원교구에서 유가족들 쉼터처럼 무슨 센터 같은 거 운영하지 않았어요? (시우 엄마 : 생명센터) 맞아, 생명센터. 지금도 계속 운영되고 있던가요?

시우 엄마   했다가 올해 그 대학동 성당, 한양대 여기 뒤에 있는 대학동 성당으로 옮겼어요, 장소를. 운영은 하고요. (면담자 : 가끔 가 보셨나요, 어떠셨나요?) 어, 2015년 그때 몇 번 갔었어요. 그리고 저희 본당에서, 저희 본당 신부님이 그쪽으로 미사도 하시고 그러셨[고] 이렇게 연계되어 있어서. 근데 이제 그 후에 따로 신부님을 파견하셨더라구요, 네.

면담자   참사 직후에 제가 들은 바로는 와동성당 신부님이 유가족들의 입장에 서서 미사도 드리고, 뭔가 하려고 애쓰셨다고 들었는데….

시우 엄마   왜냐면 저희 본당에 아이들이 제일 많았으니깐요. (면담자 : 아 그래요, 몇 명이었죠?) 지금 정확히 기억이 안 나는데, 그때 14명인지 그랬던 거 같아요. (면담자 : 희생 학생만 14명?) 네, 네. (면담자 : 생존 학생도 있었겠죠?) 우리 성당에 세 명이요. (면담자 : 시우도 그 세 명 안에 있는 거네요) 네, 네. (면담자 : 시우는 성당에 계속 나갔습니까 어땠습니까?) 나갔는데요, 어, 대학 들어가고서부터 안 나가더라고요.

면담자　　　　시우 아빠하고는 어떻게 만나셨는지 궁금하네요(웃음). 성당에서 만나셨어요?

시우 엄마　　　아니에요. 그 CC[캠퍼스 커플]였어요. CC였다가 뭐 나중에 결혼을 했죠. 근데 결혼을 되게 늦게 한 게, CC였다가 우리 애 아빠가 바로 군대를 갔어요. 군대를 가면서 "너, 기다리지 마. 기다려도 난 너한테 안 가" 막 이러더라고요(웃음). 그래 가지고 그 말대로 좀 했죠. 그랬는데, 그러다 중간에 또 어떻게 연락이 되어가지고 친구로, 그때는 다시 그냥 친구로 만났다가, 30살 겨울쯤 해가지고 좀 더 자주 만나게 됐던 거 같아요. 그때 이제 처음으로 '아, 얘랑 결혼하고 싶다' 그런 생각이 들더라고요. 그래서 제가 이제 "너 나랑 결혼할래?" 그랬더니, 아니 그 얘기를 제가 한 게 아니구나. 결혼하고 싶다는 표현을 했죠, 제가, 고민을 하다가. 그랬더니 그다음 주에 와가지고, 그때 애 아빠가 서울에 있었는데, 내려와 가지고 "너 나랑 결혼할래?" 그러더라고요. 그래서 내가 1초 만에 "응" 그랬어요(웃음). 그다음부터 너무 일사천리로, 왜냐면 나이가 둘 다 있었고, 동갑이거든요. 그래 가지고 31살에 이제 결혼을 했어요, 4월에(웃음). (면담자 : 전공도 같았어요?) 아니요, 저는 유아교육이고요, 아빠는, 애 아빠는 건축이요. 그래서 [시우도] 건축을 가게 됐어요, 아빠가 적극…. (면담자 : 시우가 대학 학과를 선택하고 할 때 아빠의 영향이 컸던 거네요?) 네.

면담자　　　　어머니 말씀을 듣다 보면, 뭔가 느낌이, 결혼할 때도, 지금 이 순간도 남편을 많이 좋아하시는 뭐 그런 느낌이….

시우 엄마　　아, 그때를 재현한 거죠(웃음). 근데 저는 진짜 너무 많이 좋아했던 거 같아요. 그니까 사귀었다가 이제 남편이 뭐 군대 가고서 헤어졌다가 다시 만났을 때는 되게 미안한 마음도 많았고, 그래서 '아 정말, 정말 잘해줘야 되겠다' [생각했고], 그리고 너무 좋고 그랬었죠. 근데 중간에 또 싫어지더라고요. 권태기 뭐 그런 게 있었죠. (면담자 : 오랜만에 너무 사이좋은 부부를 뵙네요(웃음). 아버님도 성당에 다니세요?) 결혼하고서 애들이, 애들 중학교 때 같이 세례받았어요. 그니까 왜냐면은 이렇게, 그니까 그 '성당에 가면 착해야 된다'고 생각을 하는 거 같아요. 그래서 자기는 "그렇게 살 자신이 없다"고 계속 미루더라고요. 근데 세상이 가만두지 않잖아요, 그런…. 그런데 사실은 착해서 성당을 가는 게 아니라 예수님 닮은 사람, 더 좋은 사람이 되기 위해서 가는 거잖아요. 그니까 '사람들은 늘 부족하고, 언제나 잘못을 하고 그렇지만 그럼에도 다시 일어서려고 신앙생활을 한다'고 저는 그렇게 알고 있거든요. 그래서 근데도 다시 또 안 나가요, 시우랑 같이(웃음). 근데 자기는 나중에 [다시 나갈 거고], 그렇지만 하느님이 계시는 거 같대요.

면담자　　시우 아버지는 그럼 지금 건축사 일을 하고 계시겠네요.

시우 엄마　　아니요. 사실 공무원이에요, 건축과, 건축직.

면담자　　아, 그럼 시우 아버지가 안산시의 건축직 공무원으로 들어오셨던 거네요? (시우 엄마 : 그래서 안산으로 왔죠) 그 이후로 두 분이 안산에서 쭉 생활을 해오신 거고요. 유가족들이 안산시 공무원들 욕을 꽤 할 텐데, 같이 지내면서 좀 불편하실 때도 있었겠네요.

시우 엄마   아니, 그렇게 들은 적이 없고요. 사실 남편도 그렇게 말할 때가 있거든요. 공무원들 다 그런 건 아니지만, 사실 어디나 열심히 하는 사람이 있는가 하면 그렇지 않은 사람이 있고, 또 뭐 생각은 다 다를 수밖에 없는 거고, 그렇기 때문에 그런 얘기 남편도 해요. 그래서, 그리고 뭐, 저는 사실 유가족들이 하는 얘기는 그렇게 많이 마음에 담아두질 않아요. (면담자 : 그러시군요, 왜 마음에 담아두지 않으신지) '일리가 있다'고 생각이 들고요(웃음). 그래서 동의하는 부분도 있고, 그리고 (잠시 침묵) 이해라고 해야 하나, 공감이라고 해야 하나, 뭐 그런 거 같아요. '그 시간, 그 2014년에는 충분히 그럴 수 있다'고 생각이 들어요.

제가 그런 생각을 가지게 된 더 직접적인 아마 영향을 받은 그 김제동 씨 때문이거든요. 제가 그 유튜브 어디서 봤는데, 시골 마을에 소가 새끼를 낳으면 어미[가 정말 새끼를 위하면서] 그래 가지고 키우잖아요. 근데 그 송아지가 팔려 가면 어미 소가 그렇게 운대요. 그렇게 우는데, 몇 날 며칠을 우는데 동네 사람 아무도 뭐라고 하지 않는대요. 그 어미 소가 잠잠해질 때까지 기다려준다는 거예요. 그런 소, 미물인 소도 그러는데 사람이 그렇잖아요. 어떻게 1년 만에 그 슬픔이 다 사라지고, 2년 만에 아무렇지 않을 수가 있겠어요. (잠시 침묵) 그 말, 그 말에 저는 너무너무 공감해요. 그리고 저는, 그리고 그냥 밖에 있는 시민이 아니잖아요. 내 친구 아이들의 엄마, 아빠고, 그 아이가 아니라 내 아이가 그랬을 수 있어요. 근데 우리 시우는 살아 왔지만 그냥 동시대를 살아가고, 그 학교 친구가 아니어도 아마 그 또래 아이를 둔 부모님은 다 공감하실 거예요. 그렇잖아요. 미루어 짐작해 봐도 충분히 알 수 있는 심정이잖아요. 내가 다 알 순 없지만, 그게 저는….

면담자   안산에 신혼살림을 차리신 거였잖아요? 어떠셨어요, 전주에서 안산으로 이사 와서 정착을 하신 느낌이? 공원도 많고 비교적 널찍한 환경인데, 안산에 대해서는 어떻게 생각하셨나요?

시우 엄마   잘 몰랐어요. 그때 제가 시우를 임신하고 왔거든요. 그래 가지고 맨날 집에만 있었어요, 거의. 아는 사람이 저랑 제일 친한 친구가 마침 안산에 있어 가지고, 그 친구하고 둘이서 놀기만 했지 뭐, 이렇게 어딜 돌아다닌다거나, 장 보러 가는 거 외에는 해본 적이 없어요, 사실. 들은 얘기는 있죠. "안 산다, 안 산다 하면서 사는 데가 안산"이라고 하고, 그렇게만 했는데, 저는 그냥 여기 시청 근처에서만 항상 그랬어 가지고 특별히…. 낯설었죠, 낯설고 조금 정이 안 가고, 내가 살던 데가 아니니까. 전주 가면 오기 싫고 [그랬는데], 근데 어느 순간부터 전주 갔다 집에 오는데 편하더라고요. (면담자 : 어느 순간부터 제2의 고향이 된 거네요) 그니까 익숙한 이게 좋고, 전주는 오히려 막 바뀌어 있고, 사람들은 그대로지만 막 바뀌어 있어서 약간 헷갈리는데, 여기는 오면 이제 내가 아는 사람들도 하나둘씩 생기고, 건물도 다 낯익고, 그런 시간이 한 10년 정도 되니까 그렇게 된 거 같아요, 한 7년? 네.

3
세월호 참사 이전의 생활

면담자　　　안산이 제2의 고향처럼 익숙해지고 편안해졌지만, 세월호 참사 전하고 후의 안산에 대한 어머니의 생각은 또 바뀔 수도 있었지 않을까 싶은데요, 세월호 참사에 대해 좀 너무한다든지….

시우 엄마　　　저는 그 전에 어떻게 생각하고 그런 건 없었던 거 같아요. 정말 그냥 내가 사는 곳이고 나랑 이제 가까운, 그리고 제가 사실 이렇게 밖에 나가서 사람들하고 잘 어울리고 막 그런 거는 또 못 해요. 직장 다니면 직장에서 열심히 하고 오고, 애들 키우고 너무 바쁜 시간이었기 때문에 그 주변에 그런 것들은 잘 몰랐던 거 같아요. 그냥 나, 내가 살기 바빴고, 부지런히 열심히 살았고…. 근데 이제 저는 오히려 시간이 가면서 대신 이제 이게 넓어졌죠, 아는 사람도 많아지고, 또 좋은 사람들도 생기고.

　　근데 [세월호 참사에 대한 생각] 그거는 전 국민이 마찬가지였던 거 같아요, 안산뿐만 아니라. '처음에는 모두 같이 내 일같이 슬퍼했고, 너무 가슴 아파했지만 시간이 지나면서 이제 제자리를 찾아가고, 세월호에 대해서 계속 얘기 나오는데 피로도를 느끼고, 보통 사람들은 다 그러리라'고 생각이 들어요. 근데 우리는 안산에 사는 사람들이었기 때문에 '그래도 내 이웃만큼은 오래오래 더 그럴 거'라고 생각했는데, 그게 아니기 때문에, 그렇게도 느끼지 않았을까 싶어요.

면담자　　　안산으로 이사 오셔서 정착한 다음에 줄곧 성당은 나가셨어요?

시우 엄마   그때는 연년생이어서 성당을 못 나가고요(웃음). 성당을 갔어야 되는데 제가 연년생 애기들을 키우다 보니까, 그리고 남편은 이제 너무 바쁘고 성당을 다니지 않았으니까 성당을 못 나가고요, 반 모임을 나갔어요, 성당에서 하는, 이렇게 각 반에서 하는. 왜냐면 집 앞에서 하니까, 그때는 애기 둘이고 이러니까, 그냥 반 모임을 나가고…. 그때는 또 막 공무원이 되어가지고 월급도 너무 적고, 저는 또 애들을 키우고, 그때 또 IMF가 왔잖아요. 저희 아버님이 좀 그때 모든 걸 잃으셨어요. 그런 게 너무 겹쳐가지고 힘들었어서 성당에 가서 교무금 내고 봉헌금 내는 게 너무 부담되더라고요. 그때 참 그런 거 자체가 너무 버거웠던 거 같아요. 그런 시간들이 있었어요. (면담자 : 그럼 언제 다시 성당을 나가게 됐어요?) 아이들 유치원 다니면서부터요. 이제 그땐 애들이 다닐 수 있으니까요. 그니까 냉담[교적을 두고 성당에 나가지 않는 상태]을 한 거는 한 3, 4년? 길면 5년? 뭐 그렇게 했던 거 같아요. (면담자 : 냉담 풀고는 열심히) 어, 그렇죠, 그렇죠. 그러면서, 뭐 언제부터인지 제가 또 반장을 하게 됐더라고요, 성당에서 반장을 하고, 뭐 구역장도 하고…. 이제 2014년 [참사 당시]에 제가 구역장이었어요. (잠시 침묵) 그랬죠.

면담자   와동성당에서 그렇게 활동하시면서 안산에 이웃들이 좀 많이 생기셨으면, 시우 친구 엄마들도 꽤 많이 아셨겠네요?

시우 엄마   아니요. 사실 학교 친구 엄마들은 거의 잘 몰랐어요. 왜냐면 저는 계속 직장을 다니고 있었고, 학교는 원래 저는 초등학교도 거의 안 갔거든요. 근데 이제 저는 초등학교 1학년에 아이를 보내면서 제가 이렇게 한 게 있는데, 뭐냐면…. 그 학부모 회의 있잖아요, 그런 때는 가면은 뭔가를 이렇게 [선생님하고 친하게 지내려 하잖아요]. 근데 사실 [저는] 그런 것도 잘 몰랐었고, 그것보다는 선생님과 내 아이에 대해서 얘기하기[를 원했었는데], 좋은 거는, 제가 어디서 팁을 얻었거든요. 그 학교 선생님들이 쓰신 그 어떤 글을 봤는데, 거기서 그 학기가 시작하고 조금 있다가 선생님을 만나는 게 좋다고 하더라고요. 그래서 저는 한 4월 달쯤 되면 전화를 드려서 "누구 엄마인데, 선생님 한번 뵙고 싶습니다. 다음 주쯤 어떠세요?" 그러면, 선생님께서 이제 일주일 동안 제 아이를 아무래도 신경 써서 보시겠죠, 아이하고 이야기를 나눌 수[도] 있고. 그러면 그때 찾아가서 이야기를 나눴던 거 같아요, 그니까 그렇게 [1년에] 딱 한 번. 그리고 집에서는 이러이러하고, 또 제가 궁금한 거 있으면 여쭙고, 그다음에 이제 전화 통화만 했었지, 학교 가서 청소하고 이런 것도 해본 적이 없어요. 그걸 왜 엄마들이 하는지를 모르겠고요, '1학년이지만 자기가 할 수 있는 만큼 아이들이 해야 된다'고 생각을 하는 사람이어서.

고등학교 때도 마찬가지로 [그렇게 했고], 근데 이제 고등학교 [2학년] 때도 그때 한번 갔었어요. 그래 갖고 그 우리 선생님, 김초원 선생님도 만났었고, 그때 엄마들하고 이렇게 만났었고, 선생님도 너무 애기 같으셨는데 너무 좋으셨어요. 인상도 좋고 그랬는데, 그리고서 거기에 엄마들 몇몇을 봤는데…. 어, 그 정도죠. 그 정도고, 그니까 성당에 있는 친구, 뭐 10반의 지혜 엄마는 저랑 친구였었거든요. 성당 친구여서 지혜네 집에도 갔었고, 그래서 지혜도 알고 지혜 언니 △△도 알고 강아지 루비도 알고 그랬었죠. 근데 이제 저희 구역에는 성당 다니는 사람 없었어요. 저희 생존자 세 명이라고 그랬잖아요. 다 다른 구역이었어요, 그래서….

면담자   희생자 부모 중에 가톨릭 신자들이 꽤 계셨을 텐데, 다 와동성당에 다니셨어요?

시우 엄마   아니에요. 성호는 선부성당이고요, 재훈이는 와동성당…. 그니까 와동성당이긴 [한데] 워낙들 미사 시간도 각각 다르고, 자기 구역이나 반이 아니면 개인적으로 알긴 어렵거든요, 레지오[가톨릭 신자들의 신심 단체]나 이런 거를 해서 거기서 만나지 않는 한은. 거의 [신자 수가] 1000명 정도 되니까요, 그렇게 알기는….

면담자   아까 말씀 중에 직장에 다녔다고 하셨는데, 주로 어떤 일을 하셨어요?

시우 엄마   어, 그때는, 이제 제가 전공이 유아교육이니깐요, 근데 유치원이나 이런 데는 좀 부담스럽고요, 애들이 어렸으니까…. 〈비공개〉 저희 집 앞에 [안산문화]예술의전당 있잖아요, 문화예술의전당. 거기를 어느 날 지나가는데 이렇게 놀이방, 놀이시설[을] 이렇게 [운영]하고 있더라고요. 그래서 거기를 지원을 해서 이제 놀이방 보육 선생님으로 가게 된 거죠. 그래서 전당에서 10년을 일했어요.

면담자   그럼 참사 났을 때도 계속해서 예술의전당 놀이방에 다니고 계셨겠네요.

시우 엄마   아니요, 그때는 제가 9년을 하고서 놀이방이 너무 싫은 거예요. 〈비공개〉 스트레스가 굉장히 많았어요, 제가.

면담자　　　그런 어려움들 때문에 직장을 옮기셨겠네요.

시우 엄마　　　그런데 마침 콜센터에, 그니까는 출산을 하러 한 친구가 들어갔던 거예요. 콜센터에서 직원을 구한다고 하더라고요. 그래서 제가 '아, 내가 콜센터를 한번 해볼까?' 그랬어요. 그래 가지고 이제 물어봤더니 "괜찮다"고 하더라고요. 그래서 했는데, 너무 재밌는 거예요. 그래서, 일단 너무 힘든 거에서 벗어났고, 또 새로운 건데 이거는 제가 너무 잘할 수 있는 일이더라고요. 제가 좀 명랑하고 싹싹하거든요. 그니까 전화로 손님들을 응대하는 거잖아요. 이제 여기를 예약해 주고, 뭐 컴플레인 있으면 그런 거 받고 응대하고 이런 건데 그게 생각보다 재미있었어요. 이제 거기 있으면서, 콜센터에 있을 때 이제 그렇게 [세월호 참사를 맞게] 된 거죠. 제가 거기를 1월부터인가 다녔는데, 4월에 사고가 났으니깐요.

면담자　　　이제 시우 이야기를 좀 여쭙겠습니다. 시우는 엄마, 아빠 중 누구를 닮았어요?

시우 엄마　　　아빠요. 아빠를 조금 더 많이 닮았어요. 외모도 아빠 닮고요, 아빠를 많이 닮은 거 같아요. (면담자 : 진중하고 깊이 있고 이런 타입?) 네, 네. 이상하게 반대로 만나죠?

면담자　　　시우는 그럼 어릴 때부터 아주 착실하고 모범적이고 그랬겠네요.

시우 엄마　　　사실은 지금도 그래요. 그니깐 시우 삼촌, 작은아빠 같은 경우에도 걱정해요. 어릴 때도 걱정했어요, "저런 애들이 세상에 나가면 어떡하지?" [하고] 너무 세상 물정 모르는…. (면담자 : 너무 바른 아이여서 모두 걱정을 하셨군요) 네. 근데 저는 그러죠. 저는, 그니까 제가 한동안은, 애들이 유치원 다니고 그럴 때는, "때리면 안 돼. 친구 때리면 안 되는 거야". 그리고 아들을 키우다 보니까 아들한테 그랬죠. "세상의 생명이 있는 모든 건 때리면 안 돼", 그렇게 얘기하고 저는 때리기도 했거든요(웃음). 근데 그렇게 하고 [나서] 그렇게 키웠던 걸 후회한 적이 있긴 해요, '어, 나도 그냥 때리라고 할걸'. 왜냐면 그걸 고스란히 이렇게 받고 오는 거, 물론 맞고 온 적은 없지만 그래도 그 언어폭력도 폭력인데, 그걸 이렇게 고스란히 안고 그걸 품고 막 힘들어하는 걸 보면 '원래 쟤는 저런 성향이 아닌데 내가 그걸 미처 모르고, 내가 유아교육 했다는 사람인데 내 아이의 성향도 모르고 그렇게 했구나. 애를 너무 힘들게 키웠구나' 그런 생각이 너무 들어요. 사실 그게 굉장히 마음이 무거워요. 죄책감이 들어요, 엄마로서.

면담자　아이가 하고 싶은 거나 취향, 재능 이런 게 좀 드러났었나요, 시우 같은 경우는?

시우 엄마　그림을 잘 그렸어요, 유치원에[서]도. 미술학원을 이제 가게 되었는데, 거기서도 선생님이 "잘한다"고 하시고 좋아하더라고요. 그리고 만화 그리는 거 [좋아하고 했었는데], 근데 그만할 때는 또 다들 만화…, 저도 어렸을 때 꽤 그리고 그랬었거든요, 그래서 '그런 거려니' 생각을 했고요. 사실은 공부도 잘했어요. 공부도 잘했어서, 이제 '공부를 잘해서 갈 수 있는 무언가를 할 것 같다'라는 그런 생각과 그런 기대를 가지고 있었죠.

면담자   현실이 입시 지옥이니 학원도 많이 보내고 할 수밖에 없잖아요. 시우도 학원 다니느라 힘들고 그러지는 않았습니까? 성적 잘 올리는 학원 찾아 보내고….

시우 엄마   그렇게까지는 안 하고요. 저는 그냥 '가까운 곳이어야 된다'고 생각을 했었어요, 가까운, 그래서 보통 집 앞에. (면담자 : 그래도 잘하니까) 그렇다기보다 그니까 1번이 그거였어요, 좀 안전하고, 그런 것과 연관된 것들. 그래서 집 앞에는 시간도 단축되고, 뭐 아이에게 피아노 이런 것들이니까 애가 막 전공할 건 아니었으니까, 그런 것들 해보고…. 사실 근데 시우가 굉장히 우겨서 간 학원이 태권도예요. 그거는 고등학교 때까지도 계속했었어요. 4단이에요. 굉장히 그걸 가고 싶어서 엉엉 울었어요. 시우가 떼쓴 적이 없는데요. 딱 떼쓴 게 두 번인데, 한 번이 그거. 태권도학원 가고 싶어 가지고. 연년생 남동생은 굉장히 마르고 약하거든요. 그래서 그 아이를 보내려고 같이 갔는데, 걔는 "안 간다" 그러고 애가 "간다"고 집에 와서 울더라고요. 그래서 미술학원을 끊고 거기를 간 거예요, "한꺼번에 다 할 순 없다. 너무 힘드니까". 그랬는데 태권도를 세상에 너무 좋아하는 거예요. (면담자 : 4단이면 사범을 할 수 있는 수준이네요) 네, 네. 굉장히 좋아해요. 그리고 이렇게 도복 입고 하면 바람 소리 나잖아요. 발차기 같은 거 할 때 막 "획" 그런 소리 나고, 너무 멋있더라고요. 그리고 또 한 번은 그 학교에서 보이스카우트 뭐 이런 거 있잖아요, 특별활동 하는데. 그때 뭐였죠? 아람단? 청소년연맹, 아람단

인데, "그거 하고 싶다"고 그렇게 딱 두 번 [떼를 쓴 적이 있었죠].

면담자   바르고 깊이 있으면서도, 운동을 좋아하는 그런 면이 있었나 보네요. 아람단 하려고 졸랐다는 이야기는 시우가 꽤 적극적이기도 했다는 이야기인데….

시우 엄마   네. 근데 대부분은 많이 [부모 말을 따랐던 것 같아요]. 그니까는 제가 좀 엄한 엄마였던 거 같아요. 왜냐면 저는 이렇게 좀 아닌 건 아니고 그런 게 확고하거든요. 아이들도 버릇없이 굴고 이런 거는 되게 좀 싫고, 근데 그냥 뭐 유치원에서 아이들 가르치듯이 그렇게 (웃으며) 했던 거 같아요. 근데 정말 잘 따라줬어요. 잘 따라줬는데, 연년생이다 보니까 아무래도 싸움도 있고. 지들 둘이 막 그렇게 [싸우고] 할 때 [보면], 시우가 마음 깊은 곳에 여리고 그런 마음이 있는 아이라는 걸 [또 알겠더라고요]. 그런 면은 저 닮은 거 같아요, 겁도 되게 많고 좀 무서워하고. 그런데 그럴 때 엄하게 해서 아이가 그런가?

면담자   어머니는 시우 키우면서 제일 중요하게 여겼던 것이 뭐셨어요? 교육관이랄까 하는 거 말입니다.

시우 엄마   그냥 넓게 보면 인성이었던 거 같아요, 바른 아이, 바른 사람. (면담자 : 원래 바르잖아요, 시우가(웃음)) 그러니까…. 근데 그거를 제가, 그때는 아이가 바른지 어쩐지 그냥 아이는 아이잖아요. 그 내면을 볼 수 없기 때문에 계속 거기에 중점을 많이 됐던 거 같아요, 바르게 자라야 되고, 올바른 사람이 되어야 되고. 그리고 제가 아이를 낳아보니까 세상이 다르게 보이잖아요. 그 전에는 내 한

몸만, 나만 잘하면 된 거였는데, 아이를 낳고 보니까 세계관이 확 바뀌더라고요. 그런 게 생겼다고 해야 되나? 그 전에는 그냥 생각 없이 살았는데, 우리 애만 잘 자라면 되는 게 아니고 우리 옆집 아이도 잘 자라야 되고 또 뒷집 아이도 바르게 자라야지, 이 아이들이 다 같이 이렇게 어우러져서 사는 세상이더라고요, 사회가. 그래서 학교 다닐 때 왜 선생들이 그런 말씀하셨는지 이해가 되더라고요, 그때서야 비로소.

면담자　　　시우가 그렇게 모범생이고 착하고 해도 또 자라면서 엄마하고 좀 안 좋고 그런 경우도 있지 않아요?

시우 엄마　　　없었어요. 그리고 이제 어렸을 때는 저는 애들이 존댓말 쓰는 게 좋거든요. 근데 아기 때는, 이제 전 유치원 선생님이니까 집에서도 "이거 먹었어요?" 뭐 이렇게 하잖아요(웃음). 그니까 존댓말을 너무 잘하는 거예요. 근데 유치원 가면서, 가서 이제 한 6살쯤 되니까는 저도 이제 좀 느슨해져 가지고 "시우야, 이거 해", "이거 컵 좀 갖다 놔" 이렇게 하다 보니까 아이도 반말을 같이 하더라고요. 그래서 이제 조금 의도적으로 "시우야, 엄마, 아빠, 이렇게 어른들한테는 '하셨어요' 이렇게 하는 거야" 이렇게 가르쳤어요. 그래서 저희 아이들은 지금도 둘 다 존댓말을 쓰거든요. 근데 그게 사실 좀 거리감이 있게 느껴질 때도 있어요. 왜냐면 제가 이렇게 밖에서 시우하고 헤어질 때 다른 애들은 "엄마, 잘 가" 이러는데, 우리 시우는 "엄마 다녀오세요" (웃으며) 이렇게 해요. 그래서 무슨 선생님하고 학생같이, 그런 아쉬움이 있긴 한데, 그래도 다른 애들도 엄마한테 전 존댓말 쓰는 거 보면은 보기 좋더라고요. 근데 요즘은 이제 사실 조금씩 말을 놔요. 근데 내버려 둬요, 하고 싶은 대로 하게, 시우가.

면담자 시우의 학교생활이나, 학교에서 일어나는 일 등은 어떤 경로로 접하셨나요? 아이 교육을 위해서 왜 정보 같은 거 서로 얻고 하잖아요.

시우 엄마 학교에서 오는 그 안내문 [정도]? 그거 별로, 저는 사실은 별로 얻고 싶은 [정보 같은] 게 없었던 거 같아요. 왜냐면은 좀 힘들었다고 해야 하나요? 그니까는 아이들 크는 거 옆에서 보는데, 저는 딱 유치원 때까지의 아이들밖에 모르겠는 거예요. 초등학교를 갔는데 갑자기 애들이 큰 거 같고, '어, 내가 이제부터 어떻게 해야 하지?' 공부가 중요한 게 아니라 이 아이를 어떻게 대해야 될지를 잘 모르겠더라고요. 그래서 그런 상담을 담임선생님한테 했었어요, 저는. 그때 선생님들 만나 뵙고 할 때마다 그때 좀 이야기를 하고, 그다음에 더 궁금한 건 전화를 해서 물어보고 그랬던 것 같아요.

면담자 아까 어머니 말씀하신, 전화해서 4월경에 담임선생님 딱 한 번 만나 뵙고 아이에 대해서 이야기 나누는 거, 그거 아주 좋은 작전이셨던 거 같아요. 시우 고2 때는 그럼 참사 직전인 4월경에 담임선생님께 전화해서 만나 뵈었겠네요. 그게 김초원 선생님과 처음 만남이셨죠, 그럼?

시우 엄마 3월이에요, 학기 초에. 그때는 그렇게 안 만나고, 이제 학부모 회의 한다고 했을 때 그때 참석을 했죠. 그때는 선생님을 따로 뵙지 않고….

면담자   시우가 단원고를 선택한 이유나 계기 같은 것이 있었
나요?

시우 엄마   가까워서요. 그리고 그때부터 평준화가 됐었어요. 근
데 시우는 중학교를 멀리 다녔어요. 단원중도 있는데 그때[시우가 중
학교 갈 때는 돌리는 걸 하다 보니까, 저 월피동에 광덕중으로 배정
이 된 거예요. 그래서 멀었죠. 올 때는 버스 타고 [오고] 갈 때는 아빠
나 제가 항상 데려다줬어요. 그래서 가까운 데를 가고 싶어 했어요.

면담자   광덕중학교에 참 좋은 선생님들 많았다고 소문을 들
었던 거 같은데, 희생당한 아이들 형제자매도 다니고 해서 참사 후
에 그 아이들 위해서 신경 많이 쓰신 선생님들이 계시더라고요. 시
우는 광덕중 다니면서 선생님들과의 기억이나 그런 거 이야기한 적
은 없었나요?

시우 엄마   시우가요? 모르겠어요, 시우는. 그때 얘기했었던 거
같은데, 사실은 제가 그런 때 생각들이 많이 안 나요.

면담자   고등학교 생활은 어땠어요? 친구 관계 같은 건 아이가
착하고 차분하니까 좋았을 것 같아요.

시우 엄마   시우는 친구가, 그니까 절친, 우리가 생각하는 그런
친구는 없었던 거 같아요. 근데 자기는 "두루두루 그냥 그랬다"고 하
는데, 시우는 또래 친구들을 좀 무서워했어요. 그게 왜 그랬는지를
제가 나중에 알았어요. 6학년 그때 시우가 얘기를 하는데, 초등학교
1학년 때 남자애하고 짝이 됐는데, 자기는 유치원 때처럼 그런 관계

인 줄 알고 이렇게 인사를 했는데, 걔가 욕을 했나 봐요. 흔히 아는 시옷, 비읍 들어가는 그 욕을 얘한테 날린 거예요. 시우가 너무 놀래가지고요…. 근데 그때만 해도, 저한테 얘기를 했으면 제가 어떻게 중재를 한다거나 아이랑 얘기를 했을 텐데…, 그래서 자기는 "학교에서 입을 닫았다"고 하더라고요. 그리고 요즘 아이들이, 왜 한참 뭐 배우고 그런 나이에, 남자애들은 또 그런 게 없잖아요. 잘 보이려고 내 행동을 조심한다거나 이렇지 않고, 그냥 내가 하고 싶은 대로 하다 보니까…. 또 중고등학교 때도 마찬가지고…. 시우는 근데 그걸 몰랐어요.

저는 아이가 '학교 다니기 싫다'는 말만 안 하고 그냥 다녔으면 했어요. 공부나 이런 걸 떠나서 그냥 학교생활을 즐겁게 하기를 바랐었고. 그리고 선생님 만나면, 2학년 때 담임선생님 같은 경우에도 "시우는 너무 걱정할 게 없다"고 그러셨어요. 그래서 이제 '정말 그런가 보다'. 그리고 "너무 자기 일을 잘하는 아이"라고 [선생님이 말씀하시니까 (면담자: 초등 2학년 때?) 네. 그리고 3학년 때도 마찬가지고 4학년 때도 마찬가지였고, 계속 그랬었고. 근데 그걸로 인해서 아이는 상처를 받았나 봐요. 그래서 어느 날, 3학년 때인가, 3학년 때쯤인 거 같아요, 학교 갔다 왔는데 저한테 그러더라고요. 동생도 이렇게 있는데, 동생 빼고 저를 이렇게 데리고 가면서 "엄마, 저랑 이야기 좀 나눠요" 그러더라고요. 그래서 '아, 얘가 뭐가 고민이 있구나' [싶었지요]. 그래서 "그래" 그래 가지고 작은방에 들어가서 문을 닫고 얘기를 했어요. 근데 그게 뭐였냐면, "어떤 친구가 자기한테 욕을 했다"는 거예요. 시우는 바른생활 아이이기 때문에 욕을 하면 안 되는 거인 거예요. 그래서, (잠시 침묵) 그니까 그게 자기는 충격이고 너무 힘든 거죠, 마음이. 그래서 어떻게 해야 될지를 모르겠나 보더라고요.

그래서 얘기를 했죠. 저도 뭐라고 얘기를 해야 될지 잘 모르겠더라고요. 그래서 여러 가지 대안을 얘기를 했어요. 첫 번째는 "너도 같이 욕을 해", 두 번째는 "무시하는 방법도 있어", 세 번째는, 근데 이제 그걸 먼저 물어봤어요. "그 아이가 너한테만 욕을 해? 다른 아이들한테도 해?" 그랬더니 다 한대요. "그러면 시우야, 걔가 너가 미워서 욕을 하는 건 아니야". 근데 이제 시우가 무슨 행동을 했으니까 걔가 얘한테 [욕을] 했겠죠. 모두한테 하는 거지만, 시우는 가만히 있는데 지나가면서 욕을 한 게 아니라, 뭔가 했는데 걔가 욕을 먹었기 때문에 '자기가 잘못했다'고 생각을 하는 거 같기도 하더라고요. 그래서 아무튼 제가 네다섯 가지 정도 얘기를 했던 거 같아요. 그게 4학년 때였나 보다.

근데 나중에, 그다음에 남동생이 같은 고민을 저한테 얘기를 했어요(웃음). 그때 시우가 얘기하더라고요, "무시해"(웃음). 근데 그게 완벽한 무시가 아니었던 거죠. 얘는 늘 마음은 힘들고 그랬던 거예요. 그니까 제가 그때 그런 생각을 했어요. '왜 애들한테 너무 착하게, 바르게 살라고 했지? 같이 욕도 할 수도 있어도 되는 건데', 그랬었죠. 시우는 친구들하고도 그렇게 하고, 애들이 막 무섭게 하거나 그러면 시우는 그냥 딱 눈을 감아버리고 이렇게 돌려요. 그니까 회피죠, 회피.

면담자　　　고등학교 올라가서 2학년 때 김초원 선생님하고는 어땠던 거 같아요?

시우 엄마　　네, 네, 되게 좋았던 걸로 알고 있어요. 그리고 시우가 이제 약간 내성적이고 그러다 보니까 선생님께서 좀 약간 적극적으로 [대해주셨던 것 같아요]. "수학여행 가는 차에서 선생님하고 같이 앉아서 갔다"고 하더라고요. 선생님 옆에 앉아서 같이 갔었고….

4
세월호 참사 당시 그리고 그 이후의 생활

면담자　　이제 수학여행 이야기를 좀 여쭈려 합니다. 우선 제주도로 수학여행을 가는데, 배로 갈 건지 비행기로 갈 건지 1학년 때 설문조사를 미리 했다고 하던데, 어머니는 그 설문하는 안내장을 보셨던 기억이 있으신지요?

시우 엄마　　1학년 말에 했는지 시기는 정확히 기억이 안 나는데요, 그거 했던 건 기억나요. 근데 시우가 그렇게 얘기했어요, "엄마, 대부분 그렇게 간대요". 그니까 듣고 온 거예요. 그니까 그렇게 가기를 유도를 한 건지, 아니면 선배들이 그렇게 갔던 걸 자기들이 이렇게 공유하는 소리를 듣고서 온 거 같아요, 다 이렇게, 다 이 코스로. (면담자 : 배 타고 가서 비행기 타고 돌아오는) 네, 다 이 코스로 이렇게 간다고 그러더라고요. 그래서 이제 "그래, 그럼 알겠어". 근데 이제 저가 애 아빠랑 같이 유럽에서 크루즈를 탔던 적 있었어요. 얼마나 좋았었던지가 생각이 나서 (웃으며) "어, 좋지. 얼마나 좋은데, 재밌고". (면담자 : 그 크루즈하고 다른 수준인데) 이름이 크루즈니까 저는

[그런] 크루즈인 줄 알았죠. 그래 가지고 남편이랑 거기서 브루스 추고, 아무튼 너무 좋았거든요. 그래서 그런, 아무튼 크루즈니까, 그렇게까지 크지는 않아도 [배를 타고 간다 하니까] '어우, 야 멋지다' 그렇게 생각을 했었죠.

면담자　　　수학여행 가는 준비는 시우랑 어머니랑 같이?

시우 엄마　　아, 그럼요. 근데 사실 제가 더, 더 방방 떴던 거 같아요. 왜냐면 시우가 [수학여행 가서] 즐겁게 지냈으면 해서 막 더 준비했어요. 시우는 사실 그게 부담스러우면서도, 재밌어했던 거 같아요. 그래서 아빠 바지를 걔는 챙겨 갔어요. 아빠가 날씬하거든요. 그니까 아빠가 "이거 빌려줄게" 그래 가지고 [가지고] 가고, 막 패션쇼하고. (면담자 : 아빠 바지를요?) 시우가 그때는 살이 별로 없었는데, 사실은 시우가 지금까지 [트라우마 때문에] 약을 먹거든요. 그 약 먹는 아이들이 다 살이 쪄요. 시우 대학 가면서 살이 쪄가지고요, 너무 속상해(한숨). 고3 때까지 엄청 말랐었거든요. 말랐었죠. 네, 정말 뾰족했었어요. 근데 어, 아무튼 (면담자 : 뭘 주로 준비하셨어요?) 옷이죠. 저는 제가 옷에 관심이 많고 옷을 좋아하다 보니까 우리 애도(웃음). 근데 시우는 별로 그런 거에 관심이 하나도 없어요. 화장도 한 번도 해본 적이 없고요, 지금까지도. 너무 저랑 다른 딸인 거예요. 전 정말 저 같은 딸을 낳을 줄 알았어요. 시우한테도 이런 얘기를 했는데, 저랑 너무 다른 딸이 나와가지고요, 그래서 당황스러워요(웃음). (면담자 : 남편과의 관계처럼 시우와의 관계도, 서로 많이 다르지만 그래서 더 좋아하는?) 그러니깐요.

면담자   그럼 수학여행 가기 전에 시우랑 같이 쇼핑을 한 거겠네요?

시우 엄마   아니요, 시우는 쇼핑하는 것도 안 좋아해요. 우리 아이들은 제가 옷을 사다가 이렇게 드리면 이걸 심사를 하세요, 쫙. "엄마, 이거 안 입을래요" 그러면 제가 가서 바꿔다가 다시 드리고 (웃음). 애들이 그렇게 관심이 없어요. 근데 이제 아들은 크면서, 걔는 저를 많이 닮았어요. 그래 가지고 지금 군대에 있는데, 휴가 오기 전에 옷이 먼저 와요, 걔는. 인터넷으로 주문을 해가지고 (웃으며) 옷이 먼저 와요. 근데 시우는 저랑 같이 가서 [옷 사고 하는 걸 그다지 좋아하지 않았어요]. 지금은 이제 저랑 가서 입혀보고, 그 요즘은 좀 재밌어하는 거 같아요.

면담자   15일 날 학교에서 수업을 다 하고 출발한다는 건 아셨지요? (시우 엄마 : 그거 너무 이상했어요) 글쎄 말입니다, 저도 참 그렇게까지 해야 하나 싶었는데…. 15일 날은 시우한테 전화 연락이나 문자 같은 거 오고 그랬어요?

시우 엄마   배 타기 전에 이제 "엄마, 안개가 너무 많이 껴서 못 간다"고 전화가 왔죠, 계속. 시우는, 시우한테 제일 가장 가까운 친구가 저거든요. 그니까 "엄마, 지금 여기 그렇다"고 그래서 "그래? 그럼 못 갈 수도 있겠다. 뭐 아무튼 지켜보자. 상황이 그러니까". 또 [한참 있다가] "엄마, 밥 먹었어요" [하고] 밥 먹었대요. 그래서 "어, 그래?" [했더니 조금 있다가] "못 갈 수도 있을 것 같은데, 일단 반장들 모여서 회의를 하는데요. 어떻게 될지 모르겠다"고 [해서] "할 수 없지,

뭐 날씨가 안 도와주니까" [했지요]. 그때 아무튼 그랬는데, "출발한다"고 또 전화가 오더라고요. 그래서 "어, 잘됐다. 가는구나. 괜찮으니까 출발하는 거겠지" 그렇게 [대화]하고 그랬죠. 근데 시우는 "출발하기 전부터 가기 싫었다"고 하더라고요. "뭔가 불안했다"고 많이 그러더라고요, 그 전날도 자기는.

면담자 배가 밤에 출발하는 것에 대해서는 어떻게 생각하셨어요?

시우 엄마 그러니깐요. 그게 너무 이상했어요. "왜 아침에 안 가고, 이상한 학교다" 그랬어요. 그리고 [15일 날] 저는 아이를 그렇게 해서 학교 앞에 내려주고, 성당에 가서 지혜 엄마랑 같이 뭐가 있어 가지고, 뭐 성당에서 일을 하고 있으면서 제가 그랬어요. "정말 웃겨 죽겠어", 제가 막 그랬거든요.

면담자 아, 지혜 엄마랑 같은 성당에 다니셨군요?

시우 엄마 네. [근데 지금은 지혜 엄마는] 와동성당 안 나가고요, 원곡성당 가요. 거기서 불편함을 많이 느꼈더라고요.

면담자 그러시군요. 16일 날 이야기로 가면, 16일 날은 시우하고 처음 통화가 된 게 아침이었겠네요?

시우 엄마 아침에 전화 안 왔…, 아니요, 안 됐어요. 안 됐던, 어, 기억이 안 나요. 됐는지 안 됐는지 기억이 안 나요. (면담자 : 문자는 했었나요?) 네. (면담자 : 아침밥을 먹었다든지 배가 기울고 있다든지 하는 연락은 없었나 보네요) 밥 먹었다고 전화가 온 거 같기도 해요. 아침

시우 엄마 문석연

먹고요, 아, [생각]났어요. 아침 먹고요, "엄마, 아침 먹었어요"라고 온 거 같아요. 8시 몇 분이나 아님 일찍 7시 몇 분? (면담자 : 배가 기울고 있다는 연락은 없었고요?) 그거는요, 제가 그니까는 [3월에] 그 학부모 회의에 갔다 그랬잖아요. 그때 멤버가 시연이 엄마, 빛나라 엄마, 다른 분들은 또 모르겠어요, 그 두 명만 기억이 정확히 나고요. 그날 제가 이제 출근해 가지고 차 마시면서 이제 9시에 일을 시작하니까 하고 있었는데 전화가 온 거예요. 빛나라 엄마가 9시 한 20분경에 전화가 와가지고요, "우리 반 엄마들, 그날 오셨던 엄마들 한번 모여야죠" 그런 얘기를 하고 있었어요. 그래서 "알겠어요. 그럼 시간 정해서 다시 전화드릴게요" 그리고 전화를 딱 끊었는데, 끊고 나서 지혜 엄마가 9시 반쯤 전화가 바로 온 거예요.

그러면서 저한테 그러는 거예요. 근데 목소리가 저는 좀 웃으면서 하는 건 줄 알았어요. "너 그거 알아?" 그래서 "뭐?" 그랬더니 "아이들 배가 침몰했대" [하는데], 근데 약간 웃음기 있는 목소리도 들렸어요, 저는. 그래서 '얘가 장난하나?' 그래서 "야, 무슨 소리야? 아까 출발했고, 시우하고 통화한 거 같은데" [했지요]. 아무튼 그러면서 그랬더니 "아니야, 아니야" 하는 계속 소리가 들리는 거예요. '얘가 만우절도 아닌데 지금 장난치나?' 그렇게 들었어요. 그래서 이제 그때 인터넷을 열어봤죠. 그랬는데 배가, 이렇게 되어 있는 배가 커다랗게 화면에 나와 있는 거예요. 그걸 어떻게 그렇게 빨리 찍었는지 모르겠어요. 그것도 너무 이상해요. 벌써 이렇게 (두 손으로 기우는 표시를 하며) 기울어졌어요, 이렇게. (잠시 침묵) 아무 정신이 없더라고요, 그때부터.

그래 가지고 이제 이거를 인터넷으로 볼려고 하는데, 거기 안에, 제가 있는 콜센터에는 안 잡히더라고요. 그래서 전화를, 그 DMB 그거로 해가지고 로비로 나갔어요. 거기 선생님한테 얘기하고, 이제 제 옆에 선생님한테 얘기하고 나갔는데, 어머, 그때부터는 진짜 너무 제정신이 아니었어요. 그래서 저는 바로 시우한테 전화했죠. 전화가 안 되잖아요. 정말 너무 오만 [가지] 생각이 들더라고요. 근데 '그래도 우리나라가 어떤 나란데, 구조할 거야' 그런 생각을 계속했어요. 그리고 로비에 나가 있는데, 우리 아들이 전화가 왔던가? 아무튼 사람들한테 계속 전화가 오는 거예요, 시우한테는 전화가 안 되고. 계속 전화가 오는데, "어, 맞어. 시우 단원고야. 시우 단원고야. 어, 근데 아직 연락은 없고, 전화가 안 돼" 그것만 계속했죠.

삼촌도 전화 오고 사촌 동생 전화 오고 다 전화 오는데, 나중에 그거 보고 있는데요, 우리 아들이 전화가 온 거예요. 걔도 이제, 걔는 다른 학교거든요, 전화가 왔는데, 너무 주변이 조용하더라구요. "엄마, 누나 그거 맞아요?" 그래서 "어, 맞아" 그랬더니 걔가 엉엉 우는데, [주변이] 너무너무 조용한 거예요, 이미 이제 다들 알고 있어 가지고. 그래서 "걱정하지 마, ○○아, 너는 그냥 학교에서 수업하니까 수업하고 있어. 어, 구할 거야. 구조될 거니까 그럼 엄마가 연락할게". 그리고 모르는 번호로 [전화가] 왔더라구요. 핸드폰을 다 내는데, 안 낸 남자애가 하나가 그걸 보고 얘기해 줬던 거예요. "우리 반에 혹시 단원고 형이나 누나 있어?" 그러니까 애밖에 없었던 거예요. 그래서 애가 이제 그래서 그걸로 전화를 했더라고요.

그리고 [조금 지났는데, "90도 기울어졌다"고 하는데, 저는 그 순간을 진짜 잊을 수가 없어요. (잠시 침묵) 그럼 죽은 거잖아요(울먹임). 아휴, 그 순간은 진짜, 그 순간은 제가 잊을 수가 없어요, 그 90도. 근데 정말 "90도 기울어졌다"고 뜨는 거예요. 그래서 "미쳤나 봐" 막 이러면서 제가 다시 콜센터로 갔어요. 거기 의심할 사람이 없으니까요. 거기 선생님한테 "선생님 이거 90도 기울어졌다는데 어떡하지?" [하니까] 그때 저한테 물을 갖다주면서 "먹으라"고 그러고, "아니야, 진정해. 아니야, 걱정하지 마" 막 그러는데, 그냥 하는 소리 같고…. 그러면서 남편한테 전화를 했어요. "여보, 90도 기울어졌대. 어떡하면 좋아?" 그랬더니 애 아빠도 "있어보라"고 "아직 저기 한 거 아니니까 있어보라"고 그러더라고요. (잠시 침묵) 그때 너무 무서웠어요.

면담자   그럼 그 보도들 보시고 바로 시우 아버지와 같이 학교로 가셨어요?

시우 엄마   아니요. 그러고 있는데 10시 45분쯤 전화가 온 거예요. 그때 "90도로 기울어졌다"고 하고 나서 한 10분쯤 후에 전화가 왔는데 시우더라고요. 시우가 (면담자 : 9시 한 40분쯤 아니고요?) 아니요, 10시 45분쯤. 이미 이제 그렇게 돼서 "엄마, 저는 배를 탔는데 어떤 분이 '부모님 걱정하시니까 전화하라'고 전화기를 주셨"대요. 그래서 그 배에서 [전화를 했더라고요], 고깃배 같더라고요, 그 어선. 그래 가지고 다 전화를 했어요, 그냥 일단 생사를 확인했으니까. 그러고 나서 이제 다시 일을 하러 들어갔죠, 구조가 됐으니까. 그리고 '선생님들이 다 알아서 이제, 수학여행이고 뭐고 다 알아서 데리고 오시겠구나' 그렇게 생각하고 갔어요. 그랬더니 그 출산휴가 들어간 그 친구가 온 거예요. 그러더니 "언니, 무슨 정신이 있어서 일을 하겠느냐?"고 가래요. 그리고 "단원고에 다 모여 있다"고 그래서 "아, 왜? 뭐 하러 학교를 가? 다 구조했다는데 학교 간다고 뭐 애들이 어떻게 되는 것도 아닌데. 아니야, 나 일할 수 있어" 그랬어요. 저는 다 구조되고 [구조됐다는 생각에], 걔가 근데 "아니야. 그래도 언니 너무 놀랐을 테니까 집에 가라"고, 자기가 "오늘 일하겠다"고 그래서 갔어요.

가서 이제 TV를 켰더니 단원고 난리가 나고 막 그런 거예요. 근데 저는 좀 이해가 안 됐어요. '애들이 구조가 됐다는데 학교를 지금 가서 엄마, 아빠가 있은들 [뭐 하지?] 애들이 온 다음에 연락이 와서 가면 될 거 같은데' 그랬는데 지혜 엄마가 또 전화 오더라고요. "지금 덕하 엄마랑", 덕하도 우리 성당 다녔거든요, "덕하 엄마랑 엄마들 몇 명이서 거기를 간다"는 거예요. 그러니까 "너도 갈 거면 빨리 오"래요, 학교 앞으로. 그래서 '가야 되는 분위기인가 봐' 그랬어요. 저는 정말 너무 멍청한가 봐요. 그래서 "그래?" 그래 가지고 이제 그냥 막 갔어요. 차를 끌고 갔는데, 이미 이렇게, 단원고가 여기 있으면 여기 이렇게 산이 있잖아요. 저희 집은 이렇게 산에서 가까워서 이렇게 가는데 여기까지 주차를 할 수가 없는 거예요. 그래서 가까운 빌라에다가 차를 대고 갔어요.

근데 버스들이 와 있더라고요. 그래서 거기를 출발하는데 저는 지혜 엄마랑 약속을 했잖아요. 그래서 그걸 지나쳐가지고 "덕하네 집으로 오라"고 그래서 거기를 또 막 걸어갔는데, 가고 있는데 지혜 엄마가 "우리 옷이랑 챙겨가지고 다른 엄마들은 해갖고 먼저 간다"는 거예요, "너는 그럼 버스 타고 오라"고, 다 넋이 나가가지고. 근데 저는 왜 그랬냐면 시우하고 연락이 돼서 저는 이제 마음이 놓여 있는 상태였고, "시우 연락됐냐?"고 그러더라고요. "난 됐어" 그랬더니 "우리는 안 됐어. 그럼 나 먼저 갈 테니까 너는 그럼 버스 타고 오라"고 그래서, 다시 돌아가지고, 나는 옷 같은 거 생각도 못 하고 이렇게 [학교로] 갔는데, 벌써 이제는 그 버스가 다 간 거예요. 근데 "다음 버스가 온다"고 "기다리라"고 하더라고요. 2시간 정도를 거기에서 이제 기다렸죠.

기다리고 있었는데, 2시간 쯤 뒤에 한 네 대가 와가지고 다시 타고 갔는데, 지혜 엄마가 그때 한 얘기가 "야, 다 애들 구했다는데 뭘" 그랬더니, "너는 그 말을 믿냐?" 그렇게 얘기를 하더라고요. 그래서 "그러면 믿지 그걸 안 믿어? 구했다고 하는데, 방송에서 더구나", 저는 통화가 됐기 때문에 그랬나 봐요. 그랬는데, 그러고 나서 그 버스를 타고 가는데 다 "연락이 안 됐다"는 거예요. 그리고 제 옆에는 우리 반 아이 엄마도 타셨는데, 저는 연락이 됐고…, 그 엄마 표정을 지금도 잊을 수가 없어요. 제 옆에 어떤 아빠가 전화 통화하시는 거, 그리고 그 거기 그 버스 안에 TV에서는 이미 사망했을 때 사망보험금이 얼마가 나오고 뭐가 얼마가 나오고, 그게 이렇게 일목요연하게 표로 나오더라고요. 막 그런 게 나오고요, 그니깐 너무…, '어휴, 저런 걸 왜 보여주지?' 막 제가 몸 둘 바를 모르겠는 거예요. 그리고 저만, 저랑 한 명인가만 더 연락이 됐던 거 같아요, 그 차 안에는. 그러니까 너무 몸 둘 바를 모르겠는 거예요.

그리고 이제 계속 전화가 오잖아요. 그리고 애 아빠도 "같이 가자"고 하는데, "아니야. 구조됐다고 하고 하니까 내가 이제 그냥 가서 같이 올라오면 될 거 같아, 여보. 자기는 그냥 일해" 그랬거든요. 근데 학교 앞에 가서 이제 제가 그 상황을 이제 알게 된 거죠. 근데 전화가 계속해서 저는 오고, (면담자 : 전화가 누구한테서 오는 거였어요?) 이제 아는 사람들…. 근데 기자들한테도 오는 거예요. 어떻게 알았는지 오더라고요. 근데 저는 이제 거기서는 통화도 할 수 없고, "아니"라고, 그리고 "[전화]받았다"고만 얘기하고…, 근데 이제 저를 아는, 제 지인들이 계속해서 전화 오는 거예요. "나 지금 내려가고 있어" 그러니까, 사촌 오빠가 의사가 있는데, 오빠가 계속 전화해서 제 상태를 확인하는 거예요. "시우 상태는 어떤지? 너는 지금 어떤지?" 이걸 계속해 주더라고요. 〈비공개〉

면담자   시우 어머니는 이미 시우가 살았다는 걸 안 상태였고, 그러니까 버스 안에 계신 대부분의 부모님들과는 이미 생존자 부모와 희생되었을지도 몰라 안절부절[못]하는 부모님들과의 마음의 차이 같은 게 있었겠네요.

시우 엄마   그냥 너무 거기 안 있고 싶었어요. 내가 거기 있으면 안 될 거 같은 그런 거 있잖아요. 그, 그 옆에 엄마 이렇게 있는데, 이제 [서로 인사를] 했죠. "몇 반 누구 엄마예요" 하는데 같은 반이더라고요. 근데 그 표정을, (울먹이며) '그 심정이 어떨까', 얼마나 무서웠겠어요. 제가 90도 기울어졌다고 했을 때 그 심정이잖아요, 계속해서 [그런 심정이었을 거잖아요]. 그리고 저 앞에 어머니는 막…, 할머니는 계속 우시고, 아무튼 그렇게 해서 갔어요. 갔는데, (잠시 침묵) 그 안에 휴게소에서 한 번 전화를 또 받았어요. "엄마, 저 지금 어디

병원에 있어요", 근데 거기 그 전화받는 걸 보고 (울먹이며) 어떤 젊은 아빠가요, 누구 아빠인지 몰라요, 지금도 못 찾았는데, 젊은 아빠가 눈물이 그렁그렁하면서 저한테 그러는 거예요, "아, 연락되셨어요? 좋으시겠다"고(울먹임) (잠시 침묵).

근데요, 그 눈빛을 봤어요, (울먹이며) 그 표정이요, 그게 너무 마음 아팠어요, 그 표정(울먹임). (면담자 : 시우가 전화했을 때 무슨 병원이라고 했었어요?) 진도 무슨 병원이라고 했던 거 같아요. 근데 이제 버스는 아무튼 그냥 가니까 그래서 갔는데, 중간에 또, 그때 물어봤나? 전화가 와가지고 그때 제가 이제 조금 정신이 들었던 거 같아요. 그래서 "너 다친 덴 없어?" 그랬어요. 그랬더니 "와서 보세요" 그러더라고요. 다쳤다는 그런 거 생각 못 하고, 그냥 일단 구조가 됐다는 거가 너무 기뻤기 때문에 "그랬구나" [하고는] 일단 진도체육관을 갔는데, 거기는 막 무슨 벌써 이런 걸로 이렇게, 체육관 앞에 이런 데 무대에는 사람들이 마이크 잡고 왔다 갔다 하고, 그 입구에 화이트보드에 생존자 명단을 이렇게 쭉 써놨더라고요. 근데 거기가 정말로 아비규환이잖아요. 막 뒹굴면서 우는 엄마하고 할머니, 막 소리 지르고…, 거기가 너무 무서웠어요.

그냥 그, 그래서, 근데 일단 안으로 들어가서 "우리 아이는 어디 있다고 하는데…" 그랬더니 저쪽으로 가래요. 그래서 데스크 쫙 있는데 이렇게 다 명단이 있더라고요. 그래서 일단 시우 그, 저한테 전화 왔던 번호로, 이제 "옮겼다"고 하니까 진도한국병원인가로, 그래 가지고 거기에 해가지고 통화를 했어요. 그래서 "엄마가 왔으니까, 데리러 갈 테니까 있어라" 그랬죠. 그랬는데, 밖에, 이제 그쪽에서는 그

병원으로 연계해 주고 이런 것도 전혀 안 하시더라고요. 그래서 제가, 밖에 앰뷸런스들이 쭉 있었거든요. 근데 차만 있고 또 사람들이 없더라고요. 그래서 앰뷸런스 기사님을 찾았어요. "어디 계시느냐?"고, 그래서 오셨길래, "우리 아이가 이러이러한 상황이라 지금 거기 있다고 하는데, 지금 데리러 가야 되겠다"고, 왜냐면 "저 버스가 안산으로 올라가니까 저걸 타고 가야 되니까" [하고] 얘기했더니 그분이 저한테 그러시더라고요. "그냥 어머님 여기 계시라"고, "저희가 가서 데리고 오겠다"고 그러더라고요, 제가 이제 너무 경황없고 정신없고 하니까. 그리고 이제 식사를 다 못 했잖아요. 거기에 자원봉사자들이 오셔가지고 [밥차를] 하니까 [거기에서] "식사를 하고 계시라"고 하더라고요. 그래서 "우리 아이가 다친 거 같은데, 엑스레이나 이런 걸 찍었으면 그것도 좀 가져다주시고 그렇게 해달라"고 그랬죠.

그래서 시우가 딱 나타났는데, 여기 붕대를 칭칭 감고, (얼굴 쪽을 가리키며) 여기를 이렇게 붙이고, 뭐 아무튼 어떻게 막 그랬어요. 근데 이제 차가 갈 시간이 있으니까 시우도 밥을 못 먹어서 같이 거기서 간단하게 요기를 하고, 그리고 그 차를 타고 또 올라왔죠. 그 새벽 2시에 이제 고대병원에 내려주더라고요. 근데 저는 병원에를 보내기 싫었어요. 그래서 "집으로 데려가겠다"고 그랬어요. "집에 데리고 가도 되냐?"고 그랬더니 "아, 그러서도 된다"고, "그 대신에 그럼 내일 오겠다"고, 상태를 봐야 되니까. 집에 가서 일단 몸을 보고 싶었어요. 그래서 집에 가서 [먼저] 씻겼죠. 이렇게 했더니 온몸에 찰과상이 있고, 등부터 여기는 좀 이렇게 피떡이 지고, 얼굴은 이렇게 다 갈았더라고요. 근데 애가 너무 극도의 흥분 상태니까 잠을 못 자

시우 엄마 문석연

고 계속해서 얘기를 하는 거예요. 눈이 이만해져 가지고 "엄마, 그래 가지고요" 어쩌고저쩌고 막 얘기를 하는데, "일단 자자"고 억지로 재워서 다음 날 이제 고대병원으로 갔어요. 거기서부터 입원을 하게 된 거죠. 저는 입원도 그렇게 길어질 거라고 생각하지 못했어요.

면담자　　　앰뷸런스가 가서 시우 데려올 때 시간이 얼마나 걸렸어요? (시우 엄마 : 얼마 안 돼요. 1시간 안 걸렸어요) 아, 그럼 목포가 아니라 진도한국병원에 시우가 있었던 거겠네요.

시우 엄마　　　그랬나 봐요. 그 병원을 한 번 옮긴 거 같아요. 그래서 정말 빨리 온 거 같아요, 제 생각에는. (면담자 : 치료 때문에 목포에 있는 큰 병원으로 옮긴 건 아닌 듯하네요) 네. 아닌가 봐요.

면담자　　　진도체육관 내에 여러 부처의 공무원들이 와 있었을 텐데, 어머니가 도착해서 시우 찾을 때까지 그분들의 대응은 어떠셨어요?

시우 엄마　　　그냥 어찌할 바를 모르시더라고요. 오히려 제가 여기서 막 찾고…, 나이가, 연세 한 육십도 넘으신 분 같았어요. 아무튼 되게 지긋하신 분이 이렇게 앉아가지고 하는데, 뭘 어떻게 해야 될지를 모르시더라고요. 그래서 제가 "우리 아이는 이시우고요. 지금 어느 병원에 있다"고 하고, 이렇게 또 애들이 인원이 많으니까 막 찾는데, 제가 찾아가지고 "여기 있다"고 이렇게 하고, 그래서 "어떻게 가야 되냐?"고 그랬더니 대답을 못 해주세요. 그래가 제가 그냥 나가가지고 앰뷸런스[가] 거기 있었으니까, "해달라"고 부탁을 드렸던 거죠.

면담자　　　안산 고대병원에 도착할 때까지 시우랑 쭉 같이 계셨 잖아요. 아이가 뭐라고 말을 하던가요? 정신적으로 많이 불안하고 복잡하고 했을 텐데.

시우 엄마　　　그니까 시우는 표현은 잘 안 했어요. 병원에 있는 동안 에도 사실 굉장히 안 했어요. 그래서 저는 잘 몰랐죠. (면담자 : 17일 오후에 고대병원으로 가셨어요?) 아침에, 오전에 갔어요. 10시쯤, 10시 반쯤? (면담자 : 어느 의사한테 가라고 전날 이야기를 듣고 그리로 가셨던 거예요?) 아니요. "응급실로 오라"고 했었어요. 그래서 응급실에 가 서 (면담자 : 누가, 언제요?) 그 전날 얘기, 저기 [전날] 의사 선생님한테 얘기를 하고 [집으로] 왔잖아요. 그때 "다음 날, 응급실로 오시라"고 그렇게 들었거든요. 그래서 응급실을 거쳐서 입원실로….

면담자　　　아, 제가 한 가지 확인 안 한 게 있어서 다시 16일 상 황으로 가면, 진도체육관에서 안산으로 가는 버스에는 동승한 아이 들이 많았나요?

시우 엄마　　　많지 않았어요. 여섯? 대여섯 명? 여섯, 일곱? (면담 자 : 단원고 생존 학생들은 70명이 넘었었는데) 75명. (면담자 : 그럼 아이 들이 분산되어서 안산으로 갔군요?) 먼저 갔어요. 먼저 가고, 부모님이 와서 개인적으로 데리고 간 아이들도 있었고, 저는 좀 늦게 갔었던 거죠, 저는 버스를 타고 갔으니까. 다른 분들은 다 자기 차를 가지고 이제 내려갔더라고요. (면담자 : 그러면 밤에 고대병원에 도착했을 때 다 른 아이들은 이미 병원에 있었을 텐데, 어머니는 그때 들어가지 않고, 다음 날?) "와도 되냐?"고…. 이미 입원한 애들도 있었어요. (면담자 : 17일

시우 엄마 문석연

오전에 고대병원 응급실에 갔을 때 상황은 어땠나요?) 응급실에 들어가
려고 하는데 어떤 여자애가 "싫어, 안 한다고", 이러면서 소리 지르
면서 나오더라구요. 시우 학교 친구였는데, 누군지는 모르겠어요.
엄마가 막 쫓아 나오고, 그걸 보면서 우리는 들어갔었고….

　　이제 얘기하니까는 베드를 하나 줘가지고 거기서 있다가, 어, 그
때 이제 일반 병실에 갔어요. 6층이에요, 6층에 그니까는 5인실. 어
른들, 여자분들 계시고, 맨 끝에 자리를 주셨거든요. 저는 그것도 그
렇게 오래 있을 줄 진짜 몰랐어요. 그니까…, 그리고 아이가 어떻게
나왔는지 이런 부분에 대해서도 잘 몰랐잖아요. 그냥 내 아이가 살
아났으니까 그것만[살아 있다는 생각만] 있었어서, 그 아이의 마음이
나 상황이나 그런 걸 시우도 저한테 얘기하지 않았고, 저도 그런 것
까지 자세히 들을 정신도 없었던 것 같아요. 일단 다쳤으니까, 외상
이 있으니까 그래서 정형외과에 먼저…. 시우는 외상이 있으니까 외
과 선생님을 먼저 만났죠. (면담자 : 일반 병실로 옮긴 다음에 이제 외과
치료가 시작되었던 거네요) 네, 네.

면담자　　5인실에 일반 환자들과 같이 머물면서 외과 치료를
쭉 하셨던 거네요.

시우 엄마　　그러면서 이제, 그렇게 했었는데, 근데 선생들도 자주
볼 수는 없었던 거 같아요. 그리고 저는 일주일 생각[하고], 일주일
좀 넘게 이제 출근을 안 했죠. 그리고 나서부터는 저는 출근을 했어
요, 아이를 병원에 두고. 그래서, 아버님, 어머님이 가까이 사셨거든
요, [시우] 할아버지, 할머니가 이제 낮에 와서 계셨어요. (면담자 : 외

상만이었다면 일주일 입원할 상황은 아니지 않았을까요?) 외상 때문이 아니었던 거죠. (면담자 : 의사로부터 일주일 이상 입원해 있어야 한다는 고지 같은 것이 있었나 보죠?) 아니, 병원에서는 입원을 권유하지는 않았던 거 같아요. 우리 부모님들이 아이들이…, 모르겠어요, 저도 정확히 어떻게 된 건지는. 근데 아무튼 그때는 함께 움직였으니깐요.

면담자   생존 학생 부모님들이 17일 정도부터는 모여서 대책도 논의하고 했었나 보네요. 어디서 어떤 논의들을 하고 했었는지 기억나시는 대로 말씀 부탁드립니다.

시우 엄마   네, 근데 그게 거기에 강당이 있어요. 고대병원 강당에 모이라고 연락이 와가지고 갔었죠. (면담자 : 전화로 연락이 왔겠네요?) 네, 그랬던 거 같아요. 그래서, 누가 했는지도 잘 기억은 안 나고, 아무튼 [전화가] 와가지고 저녁에 모였죠, 온 가족들이 전부 다. 부모님들, 뭐 (면담자 : 그때 몇 분 정도 모이셨어요?) 그 강당이 꽉 찼으니깐요. 한 200명 그 정도 된 거 같아요, 왜냐면 부모도 있고, 뭐 형제도 있고, [친척들] 온 사람도 있고 이렇게. 그러고 나서 "대표를 뽑자" 뭐 이런 얘기를 했었죠. "어떻게 해야 할 건지?" 뭐 그런 얘기? 그리고 "교육청에서 어떻게 대응을 할 건지?" 그리고 "우리 아이들을 사실 집으로 각각 돌려보내는 건 안 된다"고는 저기를 했죠, 우리들이. 왜냐면 아이들이 지금 상태에서 학교로 갈 수도 없잖아요. 그리고 아이들을 따로 떼놓을 수도 없는 상황이잖아요. 이미 지금 그런 상황을 알았기 때문에 이 아이들을 집에서 케어가 안 되죠. 그래서 '아이들을 모아둬야 된다'라는 그런 취지에서 병원에 있었던 거 같아요, 검사도 계속하면서.

면담자   아이들을 집으로 보내면 안 된다는 결정은 언제 했던 거로 기억하세요?

시우 엄마   그게 근데 언제 모였는지도 모르겠고요. 아, 의사 선생님이 "시우는 일주일 정도 있어야 된다"고 했던 거 같아요. 왜냐면 얘는 MRI도 찍고…, 머리[를 찍고] 그랬거든요. 그리고 뭐 이런 데 다 멍뿐만이 아니라 많이 아파했고, 정형외과적으로 [치료가 필요했었]고, 그래서 저는 그냥 의사 선생님 말에 따랐던 거 같아요, 처음에는.

면담자   생존 학생 부모님들의 초기의 모임이나 의견을 모아가는 과정 등에 대해서도 좀 여쭙고 싶은데요. 아주 빠른 시점부터 모이셔서 단결된 모습을 보이셨던 거로 기억하는데….

시우 엄마   근데 어찌할 바를 다 몰랐기 때문에 그랬을 거예요. 개인으로 난 사고였으면 개인들이 했겠지만 그 상황이 너무너무 컸고.

면담자   안산 고대병원에서 "아이들이 일주일 이상 있을 때 병원 강당에서 사람들이 회의도 하고 했었다"고 하셨잖아요? 그때 주로 이야기를 많이 하시거나 이끌거나 하신 분들이 꽤 있으셨나요?

시우 엄마   별로 많지는 않았어요. 애진 아버지, 애진 아버지는 확실히 기억나고요. 마이크 잡지는 않았어도 이렇게 중간중간에서 얘기하셨던 분들이 있죠. 계셨죠. 애진 아버지하고 A 아버지하고 그 다음에 걔가 누구더라? B, 그다음에 뭐 C, D 등이셨지요. 그분들이 이제 앞에서 하셨었죠. (면담자 : 어머니는?) 저는 할 수가 없었던 게 시우는 퇴원을 못 했어요. 79일을 병원에 있었어요. 제일 늦게 퇴원했어요. 그래서 소식을 그냥 애진 아빠가 전화로 알려주시고, 다른 부모님들이 해주시고 그래서 알았죠.

면담자　　　일주일 정도 지나서 어머니는 다시 회사로 출근하셨다고 했던가요?

시우 엄마　　　아니에요. 1주는 넘었다, 한 열흘 넘게 있었나 봐요. 한 열흘 정도? 네, 1주는 넘었죠, 1주는.

면담자　　　그때는 계속 병원에 계셨겠네요? (시우 엄마 : 네) 그때 병원에서 경험하신 것들 중 기억나는 거는 어떤 거서요? 생존 학생 부모들 회의라든지.

시우 엄마　　　그런 건 없었어요. 왜냐면 며칠 후에 모임이 시작됐던 거 같은데요. 아닌가? 모르겠어요, 언제 시작됐는지를. 그거는 애진 아빠가 정확히 아실 거예요.

면담자　　　며칠간 아이들을 병원에 더 머물게 하기로 결정하고 한 회의 같은 것들이 있었을 텐데, 어머니는 그런 회의에는 참석을 못 하셨나 보네요?

시우 엄마　　　아니죠. 그 회의에 저도 갔었죠, 참석은 했었죠. "그래, 그게 그렇게 좋겠다" 해서 그렇게 다 동의했던 것 같아요, 거의.

면담자　　　시우가 다른 학생들보다 병원에 오래 있었던 것은 외상보다는 정신적인 어려움이 있어서였겠네요. 그때 의사 선생님의

소견이랄까 시우 상황에 대한 어떤 구체적인 이야기가 있었나요?

시우 엄마　기억이 안 나요. 근데 시우는 "PTSD[외상후스트레스장애]가 맞다", 그 당시에는 그렇게 나왔죠. 근데 지금도, 얼마 전에도 정신감정 했는데 그렇게 나오더라고요. '좀 나아졌을까?' 했는데 그래서…, 사실 오늘도 많이 머리 아파해 가지고요, 온마음[센터]에 프로그램이 있어서 갔는데, "시우 누워 있다"고 선생님이 전화하셨더라고요. (면담자 : 아, 그럼 지금도요?) 이제 집에 갔어요, 아까는….

면담자　그럼 가보셔야 하는 거 아니에요? 죄송해서 어떻게 하지요…. (시우 엄마 : 아니에요, 지금은 괜찮아졌어요) 그럼 다시 질문 드리겠습니다. 어머니는 퇴근하고는 주로 병원에 와서 시우를 돌보셨으니까 회의 결과나 그런 정보는 좀 듣기 어려우셨겠네요?

시우 엄마　저기 소식은, 연수원 소식은 애진 아버지가 전화를 해서 알려주셨죠. "오늘 뭐 회의를 했고, 이렇게 하기로 했다"고 하고 알려주시고, 아니면 시우 어떤지 안부 물어주시고. (면담자 : 언제쯤 한 이야기인가요?) 몰라요. 저는 날짜는 기억이 안 나요. (면담자 : 연수원에 생존 학생들이 같이 갔죠?) 연수원에 갔죠. 아이들이 일주일인가 있다가 연수원으로 갔죠, 바로. (면담자 : 이름이 정확하게?) 중소기업연수원. (면담자 : 언제까지 연수원에 있었죠, 아이들이?) 6월 24일까지, 25일까지.

면담자　그럼 시우는 70일 이상을 병원에 있었다고 하셨으니 연수원에는 안 갔었네요.

시우 엄마　　안 갔어요. 못 갔어요, 끝내. 아이들이 연수원에 [쭉 있다가], 6월 25일 날 학교를 처음 갔잖아요. 그때 [생존 학생 대부분은] 연수원에서 학교로 가고, 그때부터 집으로 갔어요. 그 6월 24일까지 아이들이 연수원에 있었고, 시우는 7월, 7월 며칠까지던가? 첫째 주까지 병원에 있었어요. 근데 그것도 퇴원 안 하려고 하는 거를 선생님이 "얘는 지금 퇴원하지 않으면 평생 병원에서 살게 될 거"라고 얘기하셨어요. 그래서 퇴원을 했던 거고요. (면담자 : 충격이셨겠어요) 그렇죠.

면담자　　병원에 시우 말고 다른 생존 학생도 오래 있었던 경우가 있었나요?

시우 엄마　　E가 이제 여기 골반을 다쳐서 그 아이가 있었다가 E는 먼저 갔고, 시우보다 2주인가 먼저 퇴원했을 거예요. 해서 연수원으로 갔고, 시우는 아무튼. (면담자 : E는 연수원에 막바지에 합류했겠네요. 그럼 연수원에서 함께 움직인 생존 학생들이 74명이었던 거예요?) 그렇죠. 아니요. 아, 그렇죠, 그렇죠. (면담자 : 74명은 학교까지 함께 움직인 거라고 보면 되겠네요) 네. 근데 그 '한 아이는 애초에 연수원을 안 갔다'고 들은 거 같기도 해요. 또 한 명은 전학을 간 친구가 하나 있었는데, 자세히는 애진 아빠가 알고 계실 거예요. (면담자 : 시우는 병원에 있었지만 학교 복귀는 다른 아이들하고 같이 했죠?) 똑같이 갔어요. 병원에서 학교를 다녔어요(웃음). (면담자 : 병원에서 학교에 다닌다는 게 쉽지는 않은 일인데) 사실 다른 부모님들도 다 시우 걱정을 제일 많이 했어요. 근데 그 후에 이제 시우보고는 "시우가 멘탈 갑인 거 같아", 그렇게 말해줘요, 엄마들이.

5

세월호에서 탈출할 당시 시우가 겪었던 일들

면담자　　시우가 세월호에서 탈출하는 과정에서 여러 충격을 받았을 텐데, 그 이야기는 언제 하기 시작했어요?

시우 엄마　　한 2주? 사고 2주 후쯤? (면담자 : 어머니 직장 복귀하시기 이전이었나요?) 어, 모르겠어요. 그런 아무튼 시점들은… [기억이 잘 나지 않아요]. 그런데 이제 제가 어렸을 때 성당 다녔다 그랬잖아요. 근데 이제 저랑 같이, 제가 교리교사도 오래 했었거든요, 교리교사 했던 그 멤버분들이 병문안을 오신 거예요. (면담자 : 지혜네?) 아니요. 지혜는 여기서 알았던 지혜고, 제가 이제 전주에서 같이 교리교사 했던 멤버들이 이제 전국에 사시는데 이렇게 오신 거예요. 그때 얘기를 해주더라고요 거기서, 그 사람들한테. [그분들이] "어떻게 해서 그렇게 왔어?" 물어보고, 저는 그런 거 물어볼 생각을 못 한 거예요. (면담자 : 아, 그럼 시우가 친구분들께 그 이야기를 처음 한 건가 보죠?) 네, 그때 처음으로 그림을 그려가면서 얘기를 해주더라고요. 그걸 듣고 정말 너무 놀랐어요(잠시 침묵).

면담자　　그 얘기를 하셔도 되겠어요?

시우 엄마　　그거는 시우도 [이미] 했어요, 〈그날, 바다〉에서도 뭐 나왔었던 저기고. 탈출 경로나 이런 건 했기 때문에 괜찮을 것…,

59
·
1회차

괜찮죠.

면담자   시우가 처음에 어떤 느낌을 받아서, 어떤 계기로 탈출을 했다고 했어요?

시우 엄마   시우가 거기 배 안에서요, 어…, "너무, 물이 너무 차가웠"대요. 그리고 "여기 있으면 죽을 것 같았"대요. 그래서 '나가야 되겠다' 생각이 들었다고 하더라고요. (면담자 : 구명조끼는 입은 상태에서?) 구명조끼 입었죠. 네, 입었죠. (면담자 : 혼자 움직인 거예요?) 네. 다른 아이들이 있었는데 애들은 가만히 있었고, 이렇게 다 친구들끼리 이렇게 있었는데, 시우는 '나가야겠다'고 생각이 들었대요. (면담자 : 물이 어디까지 찼을 때 그런 생각이 들었다고 하던가요?) 물이 발목부터 시작해서 점점 차올랐죠. 나올 때는 이미 (목을 가리키며) 여기까지 찼죠. 발에 차오를 때 얘는 움직였던 거예요, 너무 차가워서 발목이. 근데 물이 너무 순식간에 차올랐대요. 그니까 '차갑다'고 느끼고 하면서 얘는 같이 움직인 거예요. 그니까 시우가 태권도를 했잖아요. 그 운동신경이, 그니까 그래요 아빠도, "태권도를 시키기를 잘했다"고 그러는데, 그래서 그런 건지… [잘 빠져나왔더라고요].

　이렇게, 선실이 이렇게 세 군데, 세 개가 같이 있잖아요. 근데 시우는 여기 오른쪽인가? 여기에 있었어요. 있었는데, 밥 먹고 앉아서 친구들하고 간식 먹고 이렇게 있는데 배가 한 번 "끽" 소리가 나더래요. 그리고 살짝 기울어져서 "뭐지?" 그러고 일어났대요. 그랬는데 그다음에 크게 기울어지면서 얘가 이 문 있잖아요. 문과 문 사이로 날아간 거예요. 근데 이렇게 기울어지니까 얘는 여기서 내리꽂은[힌]

거죠. 그대로 그 벽에다 부딪혔는데, 이게 아마 콘크리트였으면 [머리가] 깨졌을 거 같아요. 근데 철판이고, 물론 철판도 단단하긴 했지만 몸을 이렇게 하면서 얘가 돌렸다고 하더라고요, 낙법 이런 거. 그런데 이제 얼굴을 확 갈고 머리 상처 나고 이런 데 다 멍 들고 등도 다 갈렸었어요.

근데 여기는 이제 다른 반 아이들이 있었던 거죠. 그니까 애들이 "어, 시우야 너 피 나" 그랬대요. 그러면서 아이들끼리 "구명조끼 다 나눠 입으라"고 하니까 [구명조끼 입고] 앉아 있었는데, 그래서 거울도 보여줘 가지고 이렇게 봤더니 피가 나서 이렇게 닦고 애들하고 같이 그러고 있었고…. 다른 반으로 그니까 떨어진 거죠. 자기 반에서 다른 반으로 떨어졌는데, 그리고 위에서 배낭도 떨어지고, 그리고 그 이불 같은 거, 구명조끼 같은 거 넣는 선반이 있잖아요, 이게 뜯어졌대요. 그래 가지고 [이 선반이] 아이들을 또 덮친 거예요. 근데 시우는 그사이에 요기 옆에 또 그 칸막이가 누워 있으니까 거기 이렇게 들어가 있었대요. 그래 가지고 애들이 근데 덮쳐서 막 울고불고 이러고 있는데, 같이 이렇게 거들어가지고 들어 올려주려고 했는데, 이 뒤에서 비명 소리가 막 들렸대요. 이 물이 차오른 거예요, 저 아래서부터.

물이 막 차오르니까 다행히 이제 [선반에] 깔렸던 애들은 그 부력으로 그게 들려져 가지고 애들은 물에서 나오고…. 근데 시우는 물이 너무 차갑고…, 그리고 "애들이 이제 물이 차기 전에 모여서 기도도 했다"고 하더라고요. "우리 기도하자"고 교회 다니는 아이들도 있고 하니까는 막 기도하고 있는데, 물이 차오르니까 시우는 '안 될 거 같다'고, 그래서 여기를 잡고 사다리처럼, 그 장이 이렇게 사다리처럼 칸이 나뉘어 있으니까 거기 잡고 올라간 거예요. 근데 "애들은 거의 다 저쪽에 있었고, 시우만 이쪽에 있었다"고 하더라고요. 그래서 이렇게 올라가는데, 그 아이들 덮쳤던 그게 이제 물에 둥둥 뜨는 거예요. 뜨니까 시우가 거기를 올라탔대요. "올라탔는데 무게가 있으니까 이렇게 점점 가라앉아서 이제 가슴까지 나중에 찼다"고 하더라고요.

그런데 문이 이제 위에 있는 상황이잖아요, 근데 문은 너무 멀고. 그런데 지나가는 친구가 시우를 끄집어[내] 준 거예요. 그래서 시우는 그러니까 애들을 이렇게 막 잡으려고 하잖아요. 자기 발이라도 잡으라고 이렇게 발을 내준 거예요. 근데 아이들이 놓쳤으니까 시우는 그 손길을 다 느끼고 나온 거잖아요. 그러니까 그게 너무 힘든 거죠. "내가 나온 게 엄마…", 그런 거 얘기하죠. 근데 그 상황에서는 어쩔 수가 없었다고 [제가] 얘기하죠, "누구라도 그랬을 거야. 그리고 너는 잡으려고 니가 발을 대줬잖아". 근데 이제 이게 계속 차오르고 물살이 이렇게 되면서 아이들이 놓친 거죠. 근데 얘는 '내가 더 이렇게 했더라면…' [하고 계속 생각을 하더라고요]. 근데 그게 문을 막았다고, [올라올 때는] 시우가 못 봤는데, 올라오고 나서 그 시우 타고 나온 그게 "문을 이렇게 막았다"고 그렇게 하더라고요. 그래서 아이들은 못 나올 수밖에 없었던 거죠, 그리고 이게 물살이 계속 올라 찼으니까.

복도로 나가는데, 시우는 근데 그 길들을 다 기억하더라고요. 그래서 이쪽으로 가면 어디가 나온다는 거 알고 있었더라고요. 그런데 이제 이미 여기도 물에 잠겼었고, 그래서 밖에 계속 소리 지르고 아무튼. (면담자 : 뭐라고 소리를 질렀다고 하던가요?) "살려주세요. 살려주세요". 그리고 그 배 안에 있었을 때도 이렇게 헬기, 이게 보였대요. 그래서 "아이들이 막 소리 지르고 그랬다"고 하더라고요. 그때 이미 위 칸도 아니고 아래 중간 칸이니까 소리가 들렸을 리는 만무하죠, 밖에서는. 그래서 자기 말로도 자기도 "거의 맨 마지막에 그랬다"고 하더라고요. 누가 지나갔대요. 근데 "소리 계속 지르니까 이 사람이 돌아와서 이렇게 끄집어 당겨줬다"고 하더라고요. (면담자 : 일반인 승객이요?) 아니요. 그 배에서는, 모르겠어요, 거기는 누군지 모르고, 그 방에서 나올 때는 친구였어요, 같은 학교 친구. 이름이 지금 생각 안 나는데, 그 친구가.

면담자 시우는 그러니까 물이 차올라 올 때 떨어진 옷장 같은 거를 타고 올라온 거군요.

시우 엄마 그 아이들 이불장 같은 거 있잖아요. 그 뜯어져서 아이들을 덮쳤다가 걔가 물에 떠오른 거예요. 그니까 그거를 올라탄 거예요. (면담자 : 그걸 타고 올라와서 이제 자력으로 탈출을 한 거네요) 그 친구가 이제 잡아당겨 준 거죠.

면담자 배가 한 15도 정도 먼저 기울어졌다가 그 뒤에 45도 이상으로 확 기울어졌다고 하잖아요. 시우나 다른 아이들도 배 안에서 그렇게 두 번에 걸쳐 기울어진 느낌을 받았다고 합니까, 어떻습니까?

시우 엄마 기울어지는 거에 대해서요? 애들이 거의 다 그렇게 얘기하는 걸로 알고 있는데요. (면담자 : 연수원에서도 아이들 증언을 받았다고 하는데, 거기에서도 비슷한 경험을 했다는 증언들이 나왔나 보죠?)

그렇죠. 그러니까 시우가 섰는데, 이게 갑자기 확 이렇게 됐다가, 이렇게 됐기 때문에 애가 그대로 밑으로 떨어진 거죠. 날아가 버린 거죠. 추락을 한 거죠.

면담자   배에서 탈출한 다음에는 어떻게 다른 배로 옮겨 탈 수 있었다고 하던가요?

시우 엄마   나와서는 그 앞에 그 어선들이 있었잖아요. 거기로 옮겨 탄 거 같더라고요. (면담자 : 구명조끼는 입고 있었고?) 입고 있었고. (면담자 : 그럼 탈출한 다음에 물 위에서 떠 있는 상태에서 어선을 탔다는 건가요?) 아니요. 그때, 그때 당시 그 가장 많이 나오는, 화면에 나오는 게 있어요. 거기에 자기도 "있었다"고 하더라고요, 이렇게 옮겨 타는 그 저기가.

6
세월호 참사 이후 병원 및 학교생활

면담자   어려운 이야기 감사드립니다. 시우 병원생활에 대해서 여쭈려고 하는데요, 어머니는 직장 복귀하신 후에도 병원에는 계속 가셨던 건가요? (시우 엄마 : 매일 갔죠) 그러면 매일 시우를 봤을 텐데, 시간이 지나면서 시우의 상태가 조금 호전되는 그런 느낌이셨는지요?

시우 엄마   어, 크게 변화하는 거는 사실 저는 못 느꼈어요. (면담자 : 시우가 별로 말을 안 하니깐) 네, 표현을 안 하니깐요. 근데 이제 의사 선생님, 정신과 선생님하고 얘기하면 '아, 얘가 힘든 상황이구나' 그렇게 알았고요. 누가 와서 다른 사람이 있었을 때 걔가 하는 행동을 보고 크게 놀란 적은 있어요. 그니까, 제가 일부러 애 앞에서 안 울려고 하는데, 안 울면 "엄마는 슬프지도 않느냐?"고 이렇게 말하고요, 또 어쩌다 울면은 우는 걸 걱정하는 거죠. 그래서 행동하는 게 제가 너무 힘들었죠. 그니까 그게 아이는 표현이었던 건데, 그니까 제가 종잡을 수가 없고 그런 게 있긴 했는데, 계속해서 크게 짜증을 낸다거나 그런 거는 없었어요.

그니까 일상하고 크게 많이 다른 거는 없었는데, 근데 제가 아는 아이가 왔었는데, (면담자 : 생존 학생이?) 아니요. 다른 이제 외부에, 제가 아는 대학생이 이제 왔었는데, 그 아이가 고창석 선생님이 중학교 때 은사님이었대요. 그러면서 그 선생님 얘기를 하면서 이렇게 웃은 거예요, 그 친구가. 체육 선생님이셨는데, 즐거운 얘기를 하면서 웃었는데, 저도 같이 이렇게 웃었는데, 얼굴색이 확 변하면서 시우가 (잠시 침묵) 저한테, 그 친구는 처음 보는 사람이니까 말을 못하고, 저한테 "당신이" 막 이러면서요. "어떻게 웃을 수가 있느냐?"는 거예요. 그런 걸 해서, 그니까 자기는 굉장히 속으로 참고 절제하면서 표현을 하는 게 느껴졌어요. 근데 한 번도 저한테 그렇게 표현한 적이 없는데, 이 사람한테 하고 싶었을 거예요, 그 말을. 근데 모르는 사람이고, 자기를 병문안을 와준 사람이니까 저를 보면서 그렇게 말을 하더라고요. 어, 그때 되게 그랬었죠. (면담자 : 살아 돌아오지 못한 분들에 대한 어떤 죄책감 같은 것 때문이었을까요?) 아니, 모르겠어요. 그런 거, 그런 게 크게, 컸겠죠. 그래서 이렇게 출근하면서 차 속에서 많이 울었거든요.

밤에는 병원에서 잤어요. 그리고 아침이 되면 집에 들러가지고, 강아지가 한 마리 있거든요. 아들도 이제 있으니까 이제 챙겨주고, 빨래 돌리고 출근해요. 점심시간 1시간이니까, 집이 가까우니까 거기서 이제 집에 가서 밥을 먹고, 빨래 돌려놓은 거를 널고, 다시 이제 가야 되는 거잖아요. 어떤 때는 (웃으며) 가다 보면 병원으로 막 가고 있는 거예요(웃음). 다시 그래서 [회사로] 가고, 퇴근하면 다시 병원에 시우한테 갔다가, 또 아들도 있으니까 한 번씩은 또 애 올 시간이 맞춰서 집에 갔다가 [서둘러 병원으로 오고]…. [시우가] 엄마만 찾으니깐요. 사실 지금도 그래요. 어제도 참사 해역 거기 가는데, 새벽 2시에 가는데, "엄마, 안 갔으면 좋겠다"는 거예요. 그래서 "왜?" 그랬더니 "엄마가 힘들까 봐 걱정이 된"대요. 진짜 걱정 많이 해주거든요, 시우가. 그래서 "아니야, 엄마는 안 힘들어. 근데 시우 니가 가는게, 엄마 거기 가는 게 니가 싫으면 안 가고 옆에 있을게" 그랬어요. 그랬더니 "꼭 그건 아니구요. 근데 그냥 엄마가 있었으면 좋겠다"고 그러더라고요.

그니까 마음이 힘들면 [엄마를 찾아요], 그래서 학교를 멀리 못 간 거예요. 시우는 그, 어디죠? 그 세종시에 있는 어느 학교더라? 세종시에 캠퍼스가 있는 학교들이 있잖아요. 근데 생각이 안 나요(웃음). 거기[홍익대] 합격했거든요, 미술 저기로. 그냥 그거는 자기 실력으로. 그래서 거기서는 (면담자 : 미대?) 네. "장학금도 받을 수 있다"고 했어요. 근데 이제 등록하기 전에 겨울이잖아요. 썰렁한데 가봤어요. 근데 정말 다 논밭이고, 그냥 식당 몇 개 있고, 거기 안에 덩그러니 있더라고요. 근데 얘는 병원도 계속해서 다녀야 되는데, 제가 매일 출퇴근을, 이걸 등하교를 시켜줄 수가 없잖아요. 떨어져서 지내야 되는데, 그때는 그게 감당이 안 됐어요. 아이가 계속 병원 치료를 요하니까. (면담자 : 그래서 한양대 에리카의 건축학부로) 네, 그거는 특례였던 거죠. 네, 그래서….

면담자   시우가 사려가 깊고 평소에 마음 표출을 적게 하는 스타일이다 보니까 어머니는 시우가 어떤 상태인지를 파악하기가 쉽지 않았을 듯합니다. 그래서 더 힘들었던 면도 없지 않았을 것 같고요. 쭉 보시면서 시우를 제일 힘들게 했던 것이 무엇이었던 것 같던가요?

시우 엄마   이제 그 상담 선생님들이 오시잖아요. 그때 선생님들하고 얘기하는 거, 다른 사람하고 얘기할 때 듣거나, 아니면 그 선생님이 저한테 얘기해 주시는 걸 들어보면, 그니까 가장 걔가 힘들어하는 거는 이렇게 나올 때 발 이렇게 친구가 잡았던 거. (면담자 : 몸의 느낌에 대한 기억이네요) 그렇죠, 그거가 제일 힘들었던 거 같아요. 그리고 저는 자는데, 깨어 있고, 자다가 자주 깨고, "엄마, 잠을 잘 못 자겠어요", 이제 그런 정도는 표현하죠. 그리고 "배 아프고, 머리 아프다"고 계속 그랬어요. 그래서 저는 이렇게 내과적으로, 그니까 그게 물론 과민성대장 증상처럼 약간 그런 건데, 그걸 몰랐는데 약을 처방을 해주시더라고요. 애가 "아프다"고 그러는데, 아무 저기도 없고 그래서 간호사실에 막 따졌어요. 그때 처방을 받았는데, 제가 진짜 나중에 보니까 그게 정신과 약이었더라고요. 그때서부터 지금까지 계속 먹게 된 거죠.

면담자　　　의사 선생님이나 상담 선생님과 만나는 주기는 어느 정도였어요?

시우 엄마　　　그 인턴 선생님은 매일 만났던 거 같아요. 그 선생님이 매일 하루에 두 번, 한 번에서 두 번? (면담자 : 회진 형식으로요?) 정신과 상담이니까 그냥 아이하고 시간을 정해서…, 선생님이 오셔서 둘이 이렇게 여기 둘레에, 그 병원 화단이나 이런 데서 얘기하기도 하고…, 그런 시간들은 하루에 한 번 정도는 했던 거 같아요. (면담자 : 레지던트 같은 분이셨나 봐요. 상담과 치료에 만족하셨어요?) 거부감은 없었어요, 거부감은 없고. [아이와] 얘기는 하고[하지만] 그 대신에 무슨 얘기를 했는지 선생님도 이제 "아이 거니까 자기가 발설할 수 없다"고 내용은 얘기 안 해주시죠, 아이도 저한테 얘기 안 하고. (면담자 : 의사 선생님 말고 상담 전문가 같은 분들이 주기적으로 오셔서 이야기 나누고 하지는 않았나요?) 아니요. 고대 거기 선생님, 고대병원. 그니까 전문의, 레지던트 같아요. 전문의 공부하고 계시는 선생님이죠. (면담자 : 한 분이 시우를 쭉 치료했던 거죠?) 네, 한 분이.

　　근데 그 선생님이 중간에 또 가신 거예요, 다른 데로. 이렇게 돌잖아요, 병원을. 제가 그날 진짜 너무 힘들었어요. 제가 전화로, 선생님하고 통화를 했는데, 전화기를 붙잡고 20분을 울었던 거 같아요. '애를 이렇게, 갑자기 선생님 바뀌어버리면 얘는 지금까지 선생님한테 모든 걸 털어놨는데 그러면 어떻게 해야 하지?' 막 아이가 잘못될 거 같고, 그런 생각이 너무 많이 들었어요. (면담자 : 담당의에게 요구나 상의 같은 건 안 하셨고요?) 담당 의사 선생님하고는 안 하고, 그 선생님에게 직접 했는데, 그니까는 그 사람들은 그게 과정인 거예요, 이 병원에서 이만큼, 저 병원에서 이만큼. 그니까는 그다음부터 "좋은 선생님이 또 오셔서 하실 거다" 그렇게 했는데, 이제 그런 걸 자꾸 겪게 되고 시스템을 알게 되니까 체념하게 된 거죠.

면담자   참사 피해자라는 특수한 상황을 고려해서 병원에서 좀 더 특별히 뭔가 조치나 배려 같은 걸 해주지는 않았나요?

시우 엄마   네, 없었죠. 그리고 시우가 "배 아프고, 머리 아프다"고 제가 간호사실에 여러 번 얘기를 해도 그게[빨리 대응이] 안 되더라고요, 선생님[은] 만날 수도 없고, "언제 오신다"고 하면 제가 그 시간에 기다리고 있어도 오시지도 않고…. 그래서 제가 너무 화가 나가지고요, 간호사실에 항의를 했었어요. 그리고 그걸로 그치지 않고, 제 사촌 오빠가 의사 선생님이라고 그랬잖아요. 그래서 가톨릭 의대 선생님이거든요. 그래서 오빠랑 통화를 하면서 얘기를 했어요. 저는 그냥 푸념을 했는데 오빠가 물어보더라고요, "몇 호실에 있니?" 그래 가지고 오빠가 전화를 했더라고요. 그러니까 바로 이제 처방이 내려왔어요. (잠시 침묵) 아무튼 의사 선생님 만나는 것도 너무 힘들고, 그래서 저는 진짜 너무 대학병원 싫거든요, 자기들의 정해진 거에 다 맞춰서 해야 되고 그러니까. 그리고 아무튼……. (면담자 : 고대병원에서 생존 학생이라는 특수성을 고려해서 더 관심을 기울이고 하지는 못했나 보네요) 선생님 개인은 그렇지 않았던 거 같아요. 그리고 이제 그 선생님하고 (면담자 : 계시다가 가신 첫 번째 선생님?) 네, 네.

그 선생님은 이제 [이동]하시기 전에 "어머님, 좀 보자"고 그래 가지고 "아이의 상황이 현재 이렇고, 시우는 굉장히 여리고 섬세한 아이다. 그렇기 때문에 다른 사람보다 더 이게 힘들 수 있다" 그렇게 얘기해 주시더라고요. 그리고 나중에 이제 퇴원하기 전에 그 선생님 바뀌시고는 그때 전문의 선생님이 여자 선생님이셨는데, 그 선생님하고 나중에는 이제 그 선생님하고 조금 몇 번 더 뵀던 거 같아요. 그 선생님은 그렇게 얘기해 주시더라고요. "시우 지금 퇴원하지 않으면 평생 병원에서 살게 될 수도 있다"고.

면담자   병원에서 학교로 통학하는 것도 쉽지는 않았을 텐데…. (시우 엄마 : 애들이 4월 17일부터 6월 25일이니깐요, 두 달이 넘었죠) 그래도 시우가 병원에만 있다가 학교에 가게 되니까 뭔가 좀 기분 전환 같은 것이 되지는 않았나요?

시우 엄마   그렇지는 않았어요. 그냥 밖에 나가는 거를 싫어했죠. 이제 나중에는 제가 이제, 저는 출근을 해야 되니까 지가 왔다 갔다 해야 되잖아요. 그리고 여기 현수막이 계속 붙어 있었고, 그런 것들이 있었잖아요. 그런 거 보면 "너무 이상하다"고 하고, 그니까 바깥 세상이 굉장히 낯선 것처럼 [느껴졌던 것 같아요]. (면담자 : 현수막은 어떤 내용의 것들이 주로 걸려 있었어요?) 하얗게, 까맣게 있어 가지고 뭐, 뭐 "잊지 않겠습니다" 그런 것도 있었고, 그런 게 계속 있었던 거 같아요. (면담자 : 아, 그런 것을 보는 것도 계속 마음의 부담이 되었겠네요?) 그게 너무 이상했죠. 부담스러워했는지는 모르겠는데 낯설어했어요. 낯설어했고, 그런 걸 대면하고 싶지 않았었던 거죠.

그러니까 병원에서도 친구들하고 있을 때, 나중에 11층 올라갔는데, 커튼을 촥 치고 혼자 있었어요. 옆에 사람들하고 무조건 촥. (면담자 : 처음 들어간 병실이 아니라?) 아니요. [처음에 일반 병실에 있고] 그러다가 11층으로 단원고 애들을 다 올렸어요. 거기 다인실에 있었죠. 그러다가 며칠 있다가 바로 애들은 갔죠. (면담자 : 그 후에는 그럼 혼자?) 아니요, 다인실이었어요. (면담자 : 아이들이 연수원으로 들어간 다음에는 일반 환자들과 같이 있었군요?) 네, 네. 구석에, 맨 구석 베드를 자기가 선택을 해서 거기 있었고, 이제 아줌마도 있고 뭐 애들도 오고, 그냥 뭐 그랬었죠. (면담자 : 같은 방에 있었던 다른 환자들과는 불편하지 않으셨어요? 그분들이 여러모로 배려 같은 걸 하던가요?) 배려는 있었던 거 같아요. 다들 이렇게 뉴스 같은 거, 처음에 있을 때는 "아이들 그런 거 보지 않게 하라"고 그래서, 얘기하면은 딱 돌려주시고 드라마나 이런 걸로, 소리 줄여주시고, 걱정 같이 다 많이 해주셨죠. 그리고 밥 먹으면 "밥 잘 먹는다"고 이렇게 해주시고. (면담자 : 병원에서의 생활에 대해서 시우는 꽤 만족해했었군요?) 시우는 너무 좋아했어요. 병원에 있으면 이렇게 안심이 됐나 봐요, 안도감. 그리고 나만의 공간이잖아요, 이렇게 딱 치고 있으면은.

면담자　　　생존 학생들이 등교를 시작하면서, 다른 부모님들도 그렇고 정말 걱정이 많았을 것 같아요. 어머니는 물론 시우가 더 걱정이 되셨을 듯하고요. 게다가 출근을 하고 계셨으니 학교 소식이 더 궁금하셨을 텐데, 소식은 다른 부모님들로부터 자주 들으셨어요?

시우 엄마　　　그렇죠. 부모님들하고 이제 소통은 했으니깐요. 학교로 가면서부터는 부모님들이 학교에 상주를 하셨어요, 그래서 그때는 이제 가서 볼 수가 있었으니까. 그리고 회의도 학교에서 많이 하고, 거의 일주일에 한 번 이상씩 했던 거 같아요. 그러니까 이제 학교를 자주 가게 됐었죠.

면담자   학교에서 회의 같은 걸 하면 보통 몇 명이나 참여하셨습니까? (시우 엄마 : 거의 다 오셨죠) 많이 모이면 7, 80명? (시우 엄마 : 그렇죠) 생존자 가족 대표였던 장동원 씨가 주로 회의 같은 걸 주재하고 했을 텐데, 대체로 부모님들의 뜻이 하나로 잘 모이셨어요? (시우 엄마 : 거의 그랬어요) 그러면 부모님들이 적극적으로 의견도 내고 해서 상담 프로그램도 진행하고, 또 반도 재배치도 다시 하고 해서 아이들이 조금이라도 안정될 수 있도록 신경을 많이 쓰셨을 것 같아요. 우선 반 배치는 어떻게 했었어요?

시우 엄마   네 반이었죠. 여자 반 둘, 남자 반 둘. 문과, 이과 이렇게 나눠서 했는데, 그때 그 안에서 또 1반, 2반을 나눈 거예요. 그니까는 이 교실은 같이 쓰지만 그 안에서 1반, 2반이 같이 있는 그런 형태로, 문과, 이과 이렇게 나뉘고 하니까. (면담자 : 아, 교실은 네 개 쓰지만) 네 개, 네 개를 쓰고, (면담자 : 그 안에 1반, 2반이 따로 있었던 거네요?) 네. 선생님들이, 담임선생님이 두 분이 앞뒤로 같이 계셨죠. 인원이 워낙 적으니까. (면담자 : 그럼 공간은 네 곳이지만 반은 여덟 반이 있는 거였네요) 그렇죠, 네, 네. (면담자 : 부모님들이 그렇게 요구하신 거였나요?) 그거…, 학교에서 하신 거 같아요.

면담자   고등학교는 아마 수업일수를 채워야 했을 텐데, 연수원에 있었을 때 그 문제는 어떻게 풀었을까요? 사실 뭐 생존 학생들을 잘 돌보는 것이 중요하지 수업일수 같은 게 중요한 건 아니었을 텐데, 그래도 학교는 그런 걸 중시하니까….

시우 엄마   그거 때문에 아이들은 연수원에서 수업을 했어요, 선생님들이 오셔서 했고요. 시우는 인터넷으로 했어요. 그게 있더라고요. 학교장이 허락을 하면 그 사이트에 들어가서, 이렇게 아이가 들어가서 이제 자기 번호를 치고 이렇게 하면은 그게 수업일수로 그래서 인정이 됐어요. (면담자 : 병원에서 인터넷 수업을 혼자서 했군요?) 네. 다른 아이들이 [중소기업연수원에서] 수업을 시작하는 시점부터 시우도 같이했어요. (면담자 : 아이들의 특수한 상황을 고려해서 수업 방식이 달라졌다거나 한 것이 있었나요?) 모르겠어요, 저는 이제 수업하는 건 못 봤으니까. 근데 시우 얘기를 들으면, 그니까는 아이들이 일단 집중 못 하고요, (잠시 침묵) 집중이 안 되는 거죠. 그니까 선생님들은 최대한 아이들을 배려라고 하면은 [아이들이 집중 못 하는 상태를 인정해 주는 게] 그게 배려죠. 〈비공개〉 (면담자 : 수업하신 선생님들은 원래 단원고 선생님들이셨나 보죠? 새로 오신 분들이 아니고) 네, 그렇게 알고 있어요. (면담자 : 생존 학생 부모들이 그런 걸 요구하셨나 보네요? 2학년 담임들이 빠진 상태에서 그게 쉽지 않은 일이라서) 그거는 모르겠네요.

면담자   상담 프로그램은 아이들에게 도움이 된다고 느끼셨어요?

시우 엄마   그거는 스쿨닥터 선생님이 계셨잖아요, 김은지 선생님이 상주하셨기 때문에. 지금 저기 신도시에서 마음토닥병원 하시거든요. 거기서 계속 아이들 봐주시고, 유가족 형제자매도 상담하더라고요. 근데 그 선생님이 (면담자 : 신도시라면 어디를 말씀하시는 거죠?) 여기 이쪽 고잔동, 저 위쪽이요. 지하철역을 두고 저쪽, 거기 25시광장 그쪽이요. 마음토닥병원이라고 지금도 하세요. 그래서 아이들뿐만이 아니라 선생님들도 다, 담임선생님들도 다 상담 프로그램 해가지고 다 하셨더라고요. 그리고 이제 부모님들도 선생님이랑 다 같이 했어요.

그리고 교육도 해주셨어요, 약에 대해서. 애들이 약을 먹는데 이제 부모님들이 불안해하잖아요. 그래서 이 약은 어떻게 만들고, 약의 뭐 이렇게 부작용이나 이런 부분들, 그런 거에 대해서 이제 고대병원 선생님들 초빙해서 해주시고, 그런 교육이 계속 있었어요. 그리고 또 정혜신 박사님도 오셔가지고 우리 부모님들 대상으로 또 프로그램 한 번 하셨고요, 그리고 학교에서도 이제 그런 도움이 될 만한…. 근데 김은지 선생님이 주로 그런 거 해주셨었던 거 같아요. 졸업 전에는 또 졸업에 맞춰서 이렇게 하고, 학교에서도 또 이제 논술 이런 거 할 때 유시민 씨도 오셔가지고, 이제 아이들이 선택하는 거예요. 네 분, 세 분의 이야기를 듣고, 이제 원하는 분을 선택을 하는 건데, 유시민 씨는 아무도 선택을 안 해가지고, (웃으며) 처음 강의 듣고 이제 하는 건데 애들이 선택을 안 했어요. 그래서 [아이들은] 뭐, 좀 재밌고 이런 분으로 했던 거 같아요(웃음).

면담자   그런 프로그램 중 또 어머니 기억에 남는 것이 있으면 소개해 주서요.

시우 엄마   그거 있잖아요, 애들 졸업을 앞두고 되게 불안했어요, 저희들이. 근데 그때 강사 선생님이 누군지 정확히 모르겠는데, 그게 굉장히 위안이 됐어요, 저는. 뭐냐면 마이크로소프트 누구죠? (면담자 : 빌 게이츠?) 아니, 빌 게이츠 말고 누구죠? (한숨) 큰일 났어요, 들어 있는 게 없어(웃음). (면담자 : 미국 사람?) 네, 오프라 윈프리[미국의 방송인]하고 그 까만 옷 입은, 까만 옷 입고, 죽었잖아요…. 아, 애플, 잡스, 스티브 잡스, "그 사람들의 공통점이 뭔 줄 아느냐?"고, 굉장히 불우한 어린 시절을 보냈잖아요. 근데 이 사람들이 이렇게 성공할 수 있었던 이유 중의 하나는, 둘 다 공통적으로 가지고 있는 그 이유 중의 하나는 "나를 절대적으로 지지하는 한 사람이 있었다"는 거예요. 근데 그 말이 저한테는 진짜 희망이었어요. 제가 어떻게 해줘야 될지 모르겠고 그랬는데, '그래, 내가 그건 해줄 수 있을 것 같다'[는 생각이 들었어요]. 근데 해보니까 또 쉬운 건 아니에요(웃음). 난 엄마니까 내가 죽을 때까지는 평생 애 옆에 있을 수 있고, 내 아이를 이렇게 지지해 줄 수 있잖아요. 그건 제가 할 수 있을 것 같은 거예요. 외부에서 뭔가를 들여와서 해야 되고 그런 거면 또 어려움이 있을 거 같은데, 그게 정말 저한테는 진짜 한 줄기 빛이었어요. 너무 위로가 됐고요, 안심이 되더라고요.

면담자   비교적 좋은 이야기만 해주셨는데, 학교에서 아이들을 돌보는 과정에서 아쉬웠던 점, 불만이었던 점 등도 많으셨을 것 같아요.

시우 엄마   아쉬웠던 것도 있죠. 뭐냐면, 3학년 담임선생님 중에 아이들한테 상처를 주신 분이 있어요. (면담자 : 아이들이 3학년 올라간 다음에요?) 네. 담임선생님이 이제 바뀌었는데, 그중에 선생님 한 분이 아이들한테 정말 일베[일간베스트] 같은 소리를 한 선생님이 있었어요. 그래서 아주 정말 많이 힘들어하고, 그 반 아이들이 특히. "뭐 너희들이 뭐 국민들이 낸 세금으로" 뭘 어쩌고저쩌고…, 다 기억은 못 해요. 근데 그런 선생님이 있었는데, 그 얘기를 교장선생님한테 했는데, 교장선생님도 감싸고 도셨고….

또 학교에서 임원들 전체 소집을 했어요, 1, 2, 3학년, 아, 2, 3학년인가? 3학년 때. 그래 가지고 커피숍으로, 그 학부모운영위원회 하는 그분하고 같이 불려가지고, 거기서 그런 얘기를 하셨죠. 교실을 빼는 문제에 대해서 뭐 그런 걸 하려고 이렇게 엄마들 그렇게 조장을 했었고, 뭐 그런 것들[이] 있[었]죠. 근데 이제 저는 직접적으로 교장선생님이나 선생님들하고 부딪치지는 않았었고, 전해 들은 것들이기 때문에, 제가 그렇게까지 디테일하게 막 그런 거는 많이, 많이 접하지는 않았어요. 근데 이제 저도 엄마들하고 같이 교장선생님 찾아갔었던 적은 있었는데, 아무래도 좀 그랬죠. 근데 그 [3학년 담임]선생님 문제만큼은 굉장히 그랬던 거 같아요.

그리고 (면담자 : 참사 나고 새로 온 교장선생님이셨죠? 주관이 좀 강하신?) 그니까 교장선생님은 그런 게 중요했던 거 같아요. 학교 정상화, 교육 정상화, 그게 오로지 목표였기 때문에 거기에 모든 포커스를 맞추고서 이렇게, 이렇게 하고…. 그니까 스쿨닥터 선생님은 의사 선생님으로서 아이들을 보지만, 또 [교장선생님은] 그 행정 하는 곳에 들어가 계신 분이잖아요. 그니까 이제 "그런 부분에서 교장선생님하고 마찰도 있었다"고 제가 들었거든요. 그럼에도 저는 (잠시 침묵) 그니까 행정적인 거나 뭐 교육적인 차원에서 저는 우리 담임선생님 같은 경우에는 굉장히 저는 '교육자로서 좋은 분'이라고 생각하고 만났었거든요. 그리고 그런 모습들을 많이 보여준 선생님이었고, 2학년 때 새로 바뀐 선생님이. 그랬어서 그렇게 큰 불만은 없었어요. 아이하고 직접 마주하는 선생님이 그랬었고, 굉장히 따뜻한 선생님이었고, 나중에 졸업하고도 제가 선생님 만나고 그랬거든요. 그런데 이제 그런 면에서, 그리고 또 저는 그때 당시에는 제가 가족협의회 유가족들하고 직접 대면하거나 이런 게 없었어요. 어떻게 돌아가는지 대략적인 거를 이제 애진 아빠, 우리 회의를 통해서 그때 거의 다 소식을 듣기 때문에 정말 그렇게 피부로 접하고 그런 것들은 없었죠.

근데 3학년 때 되면서는 뭘 해가지고 아무튼 제가 이제 교장선생님도 만나보러 가고, 엄마들하고 같이 그런 시간들이 많이 있었죠. 이제 그럴 때 교장선생님이 이제 모아놓고 약간 그런 얘기하셨던 거는 있어요. "애진 아빠 나쁘다"고 얘기하고, "유가족들이 이렇게 하는 거는 옳지 않다" 뭐 이런, 그런 얘기들…. (면담자 : 교실 문제에 관련해서요?) 아니요. 교실 문제는 그 후고요. 그니까 그 전에 [생존 학생 부모님들이 활동하는] 그런 방향이 틀렸다는 거죠, 방향이. 유가족들하고 함께하고 그런 방향이 틀렸다고 얘기를 하는 거죠.

면담자　　졸업하기 전까지 시우가 학교에서 겪은 어려움들에 대해서도 말씀해 주시면 좋겠습니다.

시우 엄마　　　친구들하고의 관계를 어려워했죠. 시우가 사교성이 있거나 사회성이 막 좋은 아이가 아니기 때문에 그런 부분에서 힘들어했던 거 같아요. 근데 자기는 되게 나름 노력을 했어요. 그래 가지고 그 아침, 아니다. 그 '깊은산속옹달샘'이라는 거기에 이 아이들 전체가 갔었던 적이 있어요, 1박 2일로. 그때 시우가 글을 써가지고 전교생을 울렸거든요, 선생님들까지. 자기 마음을 너무 솔직하게 한 거예요. 그래서 "자기가 하지 않더라도 너희들이 먼저 손을 내밀어주면 좋겠다" 뭐 그런 얘기들을 했었어요. 그래 가지고 "그 후에는 남자애들도 '안녕' 이렇게 하고 간"대요. 근데 애가 계속해서 [잘 어울리고 하는] 그걸 못 하더라고요. 근데 자기는 최선을 다하는 거예요. 그 안에서 미소를 살짝 보인다거나 뭐 그렇게 하는 것도 자기는 굉장히 하는 건데…. 친구들 관계[를] 되게 어려워했죠.

7
배·보상으로 인해 갈라지게 된 생존 학생 가족들, 그리고 유가족들과 생존 학생 가족들 간의 간극

면담자　　　2014년 7월 중순에, 그게 15, 16일 양일간이었는데요, 생존 학생들과 부모님들이 단원고에서 국회까지 도보 행진을 했었거든요. 기억나실 텐데, "친구들의 억울한 죽음, 진실을 밝혀달라"고 요구하면서 국회에서 농성하고 있는 유가족분들을 향해 걸었었죠. 시우도 함께했었죠? (시우 엄마 : 네) 어머니도 참석하시고? (시우 엄마 : 네, 네) 그때 전원은 아니고, 4, 50명의 학생들하고 부모님들

10여 분이 함께했었잖아요?

시우 엄마   그때 반대도 많았어요. 반대하는 사람들도 있었죠. 근데 가는 거는, 우리 아이들이 움직이는 게 크기 때문에, 아이들이 [스스로 결정했어요]. 그리고 이제 여러 가지 이유가 있었던 거 같아요. 사회적으로는, 그니까 유가족들이 이제 계속해서, 좀 어쨌건 세월호가 처음부터 공격을 많이 받았잖아요. 그리고 그때 이슈가 뭐였는지 모르겠는데, 힘을 보태는 거였죠, 유가족들한테 힘을. (면담자 : 특별법[4·16 세월호 참사 진상규명 및 안전사회 건설 등을 위한 특별법] 제정을 위해 국회에서 농성 중이었죠) 저도 가서 농성은 했었는데, 우리가 그 후에 농성을 했는지 뭐 순서는 모르겠는데, 아, 우리 훨씬 후에 했네요. 아이들이 힘을 보태는 거였죠, 내 친구들 엄마, 아빠를 위해서. (면담자 : 오히려 아이들이 적극적으로 움직였던 거네요) 네, 네, 맞아요.

면담자   생존 학생들이 그런 의미 있는 결정을 해내고 할 때 좀 주도적인 역할을 한 아이들이 있을 것 같은데, 주로 어떤 아이들이었어요?

시우 엄마   학생회장 하는 애, F. F나 G, 그 아이들이, F하고 G2. G라는 이름이 둘이라서 얘는 G2번이에요. 그래서 그 아이들이 25일 날 학교 들어갈 때도 F가 그 [정문] 앞에서 마이크 잡고 글을 읽었고, 처음에 1주기 저기 할 때 G가 거기 올라가서 했었던 거 같아요.

면담자   유가족들이 정말 치열하게 투쟁을 하고 있을 때이기는 하지만, 그래도 혹시나 유가족들이 생존 학생들을 만나기 힘들어할 것 같다거나, 도보 행진 하시면서 그런 걱정은 들지 않으셨었나요?

시우 엄마   아니요. 저는 그냥 국민들, 이런 걸 싫어하고 우리 아이들한테 뭐라고 할 것 같은 그런 게 걱정이었지, 유가족분들 걱정, 그런 거는 걱정해 본 적은 없는 거 같아요. 오히려 우리 아이들에게 손가락질하거나 '너네 뭐 하는 거냐?'고 애들한테 비난할까 봐 그게 걱정이었어요. (면담자 : 일부 시민이라고 하더라도 비난하는 소리를 들으면, 안 그래도 힘든 아이들이 상처 입을까 봐 그게 걱정이셨겠네요) 네, 네, 그게 걱정이었죠. (면담자 : 유가족에게는 아이들을 지지해 줄 것이라는 믿음, 동질감 그런 게 느껴지셨고?) 그니까, 그걸 동질감이나 이런 거보다는요, 그냥 '그게 도리일 거 같다'는 생각이 들었어요.

면담자   그때만 해도 생존 학생 부모들이 단결도 잘하고 했었다가, 어느 시점에서부터인가 좀 갈라지기 시작했었잖습니까? 그 계기가 무엇이었다고 생각하시나요?

시우 엄마   이유는 각각 다를 거예요, 각자에게 있고요. 지극히 개인적인 이유들도 영향이 클 거 같아요, 제가 볼 때는. 근데 그 시점은 배·보상이었어요. 배·보상을 기점으로, "배·보상을 받겠다"는 사람들하고 "소송을 하겠다"는 사람들이 이제 생각이 달라지면서 거기서도 확 달라졌는데, 그 안에는 개인적인 이유들이 있어요. 그게 근데 거의 대부분은요 제가 생각할 때는, 많은 사람들이 가는 쪽이 맞는 거 같아서 그냥 글로 가신 분들이 많아요. 지금 이제 간간히 들려오는 소식을 들으면, "그때 왜 그렇게 됐는지 몰라. 나는 그냥 이쪽으로 가길래 갔어" 그런 분들 얘기 들리거든요. 그리고 지금 두 가정, 두 가정이 이번에 새로 [가족협의회로] 들어오셨어요. (면담자 : 그럼 지금 열여섯 분?) 아니, 그래서 열넷. (면담자 : 열둘이었다가) 네, 네. 그래서 되게 좋고요.

근데 이제 사실 굉장히 힘드셨을 거예요. 저는 제가 심리생계를 하게 된 이유가 사실은 저희 부모님들 때문이에요. 우리 아이도 있지만 더 직접적인 이유는 우리 생존 [학생] 부모님들 때문에 한 거거든요. 왜냐면 이게 돌아온 아이들도 돌봐야 되죠? 그 아이들의 그 신경질과 그 정말 변덕이 죽 끓듯 하잖아요, 자기, 자기 마음이 제 맘대로 안 되니까. 그걸 다 받아들이면서, 또 살아 있기 때문에 하던 일을 해야 되는 거예요. 이 아이들을 계속 먹이고, 병들면 고쳐야 되고, 가르쳐야 되고, 입혀야 되니까 그 일을 또 계속해야 되는 거예요. 〈비공개〉 [제가 심리생계분과 일을 하겠다고 마음먹은 데] 크게 작용한 거는 우리 부모님들이었어요.

면담자　　　심리생계분과에서 일하시게 된 거는 그럼 직장을 그만두시고 나서부터였겠네요.

시우 엄마　　　그니까 우리 가족들이 그 [교실 청소] 일을 할 [사람이 많이 없어서, 제가 직장을 그만두고 나서였죠], 그렇죠. 그래서 제가 이제 어쩌다 보니까 이제 같이 회의도 들어가고 하는데, 이제 해가 지나가서 다시 [팀장을] 뽑고 이렇게 하는데 이제 제가 심리생계를 하게 된 거죠. 근데 아무튼 그 일을 하게 된 계기는 제가 교실 청소를 하려고…. 그래서 우리 부모님들 차례가 돌아오면, 이제 제가 얘기를 했었거든요. 근데 [직장 그만두고 나서] 딱 한 번 해주고, 그 청소가 없어진 거예요, 청소를 안 하게 됐어요. 근데 이제 직장에도 얘기를 했죠. "내가 이거 조금 쉬었다가 와도 다시 올 수 있을까?" 그랬어요. 그랬더니 그쪽 직원이 그러더라고요. "선생님, 지금 여기 10년이나 계셨어요. 그래서 실업급여를 받고 그렇게 하시면", 그리고 "그거는 나중에 얘기하자"고 하더라고요. 그래서 "그래?" 그래 가지고 이제 [퇴직을] 했는데, (잠시 침묵) 누군가는 해야 되는 일이잖아요, 그리고 우리 아이들을 위해서….

면담자　　　단원고 2학년 교실을 청소하기 시작한 건 언제쯤부터였어요?

시우 엄마　　　여름부터인가 했나? 14년이요. 제가 15년부터 했으니까. (면담자 : 어느 정도 기간 동안?) 그거 한 몇 개월 했어요. 한 6개월 했나? 겨울에까지 했으니까. (면담자 : 청소는 그럼 생존 학생 가족들만 돌아가면서 하신 거예요?) 저희가 돌아가면서 했죠 생존자 가족이, "이건 우리가 하자"고 해가지고. (면담자 : 몇 분쯤 참여하셨어요?) 많이 했어요. 거의 다 하셨을 거예요, 엄마들은. (면담자 : 무슨 요일에는 누구누구 이런 식으로?) 네, 그렇죠. 반별로 나눠가지고 교무실까지 했을걸요. 모르겠어요. (면담자 : 1주일에 한 번 정도 하셨겠네요?) 네, 1주일에 한 번인가 2주일에 한 번인가…. 그니까는 여러 명이 한 번에 한 게 아니라, 횟수를 줄이기 위해서 그렇게 했던 거 같아요. 그렇게 나눠서 했었어요. 근데 올 때마다 너무 또 그렇더라고요. 회사 눈치 보느라고, 그게 너무 마음에 안 좋았어요. (면담자 : 시우의 반응은 어땠어요?) 글쎄요. 잘 기억이 안 나요. "그래요?" [그랬나…]. 시우는 크게 그렇게 [표현하고] 그러지 않아요. '그래요?' 그 정도면 만족스러운 거거든요(웃음). "그래요? 고맙습니다" 그랬던가?

면담자   시우의 평상시 표현으로는 최고의 칭찬이었네요(웃음). 배·보상 이야기를 좀 해보려고 합니다. 배·보상이 생존 학생 부모님들의 입장이 좀 갈리게 된 계기가 되었다고 하셨는데요, 사실 그것이 '정부가 노린 것이었을 수도 있겠다'는 생각이 듭니다. 2015년 4월, 1주기 때 배·보상받으라고 해수부에서 연락을 해오기 시작했잖아요? 어땠습니까?

시우 엄마   네, 1주기가 넘어가면서…. 근데 신청을 안 했죠. 사람들이 안 하니까 이제 해수부에서 자리를 마련을 했죠, 가족들을, "설명회를 한다"고. 그때가 8월인가 그쯤 된 거 같아요. (면담자 : 유가족하고 생존 학생 부모의 배·보상은 당연히 차이가 있을 거고요?) 그것도 달랐죠. 다르죠. (면담자 : 기준이나 액수 등이 다 다를 수밖에 없는 거잖아요?) 그럼요. 네. (면담자 : 이런 다른 점들이 생존 학생 부모님들하고 유가족들 사이에 틈이 생긴 계기가 된 건가요?) 아니요, 금액 때문에 갈린 건 아니에요. 그 안에는요…, 우리가 갈린 게, 우리가 배·보상 [받는] 팀하고 소송[으로 가는] 팀으로 갈렸던 게 그 배·보상을 기점으로 했다는 거고요. 그 안에 내용은 다 달라요.

어떤 분들은, 생존 가족들 중에는 유가족들한테 상처를 받아서, 그런 모진 소리를 들어서 확 돌아선 분들이 있어요. 그니까 유가족들과의 거리를 말하는 건 아니었고요, 저는. 우리 [생존 학생] 가족끼리 갈라진 걸 얘기한 거예요. (면담자 : 소송 참여한 열두 가족하고 나머지

가족이?) 네. 그때는 열여섯 가족이었어요. 네, 열여섯 가족이 소송을 가고, 나머지 가족들은 다 배·보상으로 갔었어요. 저는 이걸 얘기했던 거고요.

유가족분들하고는 이제 이미 개인적으로는 초기에 뭐 "'이웃'에 생일 파티 하는데 아이를 보내줄 수 있겠냐?" 했는데 [생존 학생] 엄마는 내 아이가 이제 그러니까, 너무 걱정되니까 거기서 이제 그분들한테 서운해하고, 우리 애를 배려하지 않는 거 같고, 또 저분들은 내 아이를 위해서 좀 와주면 좋겠는데, 그게 또 서운한 거고⋯. 이제 그런 개인적인, 사사로운 거지⋯, 공적으로 있었기도 했겠네요. 〈비공개〉

근데 저는, 제 생각으로는 '그런 게 그렇게 중요하다'고 생각하지 않아요. 그리고 저기 멀리 사는 사람들은 뭐 이렇게 얘기하면 모르니까 그런다고 할 수 있지만, 저는 생존자 가족 생각은 '생존자들이, 생존자 가족이 오히려 더 진상 규명 이런 거 해야 되는 거 아닌가?' 그렇게 생각하거든요. (면담자 : 왜 그렇게 생각하셔요?) 살아 있는 아이들이잖아요. 내 아이가 왜 그랬는지, 왜 갔는지, 그것도 그렇지만 내가 아이도 그 안에 똑같이 있었어요, 그 아이들하고. 계속해서 살아가야 되고요, 이 땅에서. (면담자 : 피해를 입은 생존 학생들과 그 부모들이 진상 규명을 해야 한다?) 그럼요. '돕는다'고 저는 생각해 본 적이 한 번도 없어요. 저는 '함께한다'고 생각해요.

저는 그리고 유가족들하고 같이 처음부터 느꼈던 건데, 제가 지혜 엄마한테도 그랬어요. 지혜 엄마는 사실 다른 유가족보다 저는 처음에 더 불편했어요, 얘가 있으면 오히려. 왜냐면 다른 사람은 모르는 사람인데, 지금부터 알아가는 거잖아요. 근데 지혜 엄마는 이 사고 이전에도, 얘는 오히려 더 친했었는데, 내 아이가 살아 돌아옴으로써 애한테 너무 미안함이 그냥 어쩔 수 없이 들어요. 다른 사람은 몰랐으니깐요. 내 친구인데 [너무 미안할 수밖에 없죠]. 그리고 [아이들 장례식장] 다른 데는 한 번도 안 갔어요. 우리 성당에 남자애 하나하고 내가 지혜는 갔어요. 제가 딱 가서, 거기 딱 나타났을 때 우리 신자분들이 딱 반응이 그거였어요. 깜짝 놀라면서, '여기 왜 왔어?'였어요, 나랑 친한 사람들이. 근데 저는 이해가 안 됐어요, '내가 당연히 와야지'.

근데 그 사람은 나보다 조금 더 이제 그걸 생각했던 거 같아요. '널 보면 더 힘들어할 텐데…', 그런 마음이 있었는지 모르겠어요. 저는 '내가 오면 왜 안 되는데?' 그러면서 막 울면서 갔는데, 정말 우리 신자들 전부 다 거기 당시에 꽉, 발 디딜 틈 없이 꽉 차 있었는데, 지혜 엄마를 제가 찾았죠. 저를 불러서 방으로 데리고 가더라고요. 그래서 둘이 안아주면서 그랬어요. "미안해" 그랬더니 "니가 미안할 게 뭐가 있냐?"고 오히려 지혜 엄마가 담담했어요. 저는 너무너무 슬프고 힘들고 그랬는데, 그러더라고요. "나는 지혜하고 너무 항상 좋았기 때문에 나는 후회가 없어. 오히려 세상을 살아남아서 힘든 것보다 더 나은 거, 낫다는 생각도 들어" 그렇게 말하더라고요. 어, 그래서 되게 고마웠고 걔가 먼저 내 손을 잡아줬어요. 〈비공개〉

8
배·보상과 특례입학에 대한 생각

면담자　　어머니께서 생각하시기에 세월호 참사 이후에 생존 학생들이 얻은 게 뭐라고 보셔요?

시우 엄마　　얻은 거요? 상처를 얻었죠(웃음).

면담자　　사람들은 특례입학도 얻었고, 돈도 받았다고 하거든요? 저는 그런 것에 대한 어머니의 생각을 이 구술을 통해 좀 남겨주셨으면 해요.

시우 엄마　　그거는 얻은 게 아니죠. 특례는요, 공부할 수 없었으니 받은 특례고, 배·보상은 얻은 게…, 배·보상을 얻었다고 생각하면 안 되는 거죠. 이 아이들은 사고가 없었으면 그런 거 없이도 씩씩하고 재밌게 잘 살 수 있었던 거예요. (잠시 침묵) 그거는 저는 얻은 게…. (잠시 침묵) 얻은 게 있을까요?

면담자　　세상 사람들은 "그 아이들은 생존했는데, 돈도 받았대" 이렇게 얘기하기도 하거든요. 어머니는 어떻게 생각해야 한다고 보시나요?

시우 엄마　　생존자들에 대해서요? 사람들의 시각이나? (면담자 : 국가나 세상 사람들이) 이거는 국가가 구조하지 않았던 거잖아요. 책임을 져야죠. 그리고 우리 아이들은 (잠시 침묵) 이 나라의 국민이에요. 어디 외국에서 아니면은 바다에서 원래 나라 없는 애들을 건져 올린 게 아니잖아요. 저희는 성실하게 세금 냈어요, 정말. 세금 내고 우리도 똑같이, 모든 사람하고 똑같이 이럴 때를 위해서 세금을 내는 거예요. 우리도 권리가 있어요. 그런데 국가는 국가가 해야 될 의무를 하지 않았어요. 저는 '이 아이들 죽을 때까지 책임져야 된다'고 생각해요. 뭐 '밥을 먹여달라', 그게 아니에요. 지금 아픈 이거, 저는 '정신적인 트라우마, 그로 인해서 나타나는 신체적인 것까지 모두 다 죽을 때까지 책임져야 된다'고 생각해요.

면담자 현재 의료 지원이 끊긴 상태인가요?

시우 엄마 아니에요. 배·보상받은 사람들은 거기에 그 돈이 포함되어 있어요. 향후 치료비 추정서를 떼서, 의사들이 뭐 3년까지 뭐 그런 식으로 해가지고 [배·보상을] 했어요. 근데 의사들도 거기에 대해서 책임을 지려고 하지를 않아요. 왜냐면은 모르는 거기 때문에, 뭐 여기가 뭐 꿰매야 된다 이런 건 대충 나오지만 정신적인 거는 안 나오기 때문에. 이번에 또 보니까 이게 조현병이나 그런 것들보다 트라우마는 훨씬 짧대요, 액수도 적고. 그래서 그거를 각자 살아가면서 계속해서 증명을 해야 되는 거예요.

저희가 이번에 소송 때문에 우리 아이들 정신 감정을 국립트라우마센터에서 받았거든요. 근데 시우는 PTSD가 또 나왔어요. 그리고 이제 소송을 간 사람들은 2024년까지 특별법에 의해서 그 정신과적, 정신과하고 신체적인 거를 같이 해줘요. 근데 의사가 이건 세월호로 인한 거라는 걸 증명을 해줘야 돼요. 의사가 오케이를 해야 돼요. 근데 아니면 자부담을 해야 되죠, 정신과적인 건 해주지만. 근데 만약에 배가 아파요. 시우는 지금 그래서 또 배가 아픈데, '이게 정

신과적이어서 배가 아프다'라는 거를 인정해 주는 의사도 있지만 아
닌 사람도 있는 거잖아요. 내과를 갔을 때, 과민성대장 증상이 있어
서 설사를 해요. 그러면 이거는 정신적인 것 때문에 얘는 분명히 그
런데, 그 어떤 의사 선생님은, 내과 선생님은 '맞아요' 해주지만, '얘
는 그냥 원래 과민해요' 이렇게 말하면 못 받는 거예요. 복불복인 거
죠. 지금 현재 그런 상황이고요. 2024년이 지나면 그것마저도 안 되
는 거예요. 이제 아무것도 안 되는 거예요.

면담자   그럼 2024년 이후의 치료에 대해서는 국가가 전혀 다
른 대안을 내놓지 않은 상태인가 보네요?

시우 엄마   그렇죠. 그리고 우리나라는 다 뭐 판례, 관례, 뭐 선례
이런 걸 엄청 중요시하고 그것 때문에 벌벌 떨고 그렇더라고요. 왜
한 발짝 나아가는데 그렇게 겁을 내는지 모르겠어요. 누구나 잠재적
인 피해자일 수 있잖아요. 그리고 어떤 사람들은 막 천안함하고 비
교하고, 어떤 사람은 교통사고를 비교를 해요. 그거는 어떻게 할 수
없는 거예요. 어쩔 수가 없는 거예요. 그렇다고 (잠시 침묵) 그 사람
에게 '당신도 그 배에 있어서 구조받지 못한 사람이 (손으로 책상을 가
볍게 탁탁 치며) 되라'고 할 수는 없는 거잖아요.

면담자   세월호 참사로 인한 피해를 의사가 판단하고 피해자
가 증명해야 되는 상황을 만들었다는 건, 국가가 참사에 대해 책임
지는 방식이 참으로 무례하다는 걸 잘 말해준다고 생각되네요. 현장
의 실재를 잘 몰라서 빚어지는 일일 수도 있다고 보이는데, '지금이
라도 국가가 나서서 피해자들의 현실을 듣고, 피해자들이 모두 원하

는 바에 따라 책임을 지려고 하는 태도가 우선 필요하다'는 생각이 어머니 말씀을 듣고 들었습니다.

시우 엄마   그게 진정한 국가죠. 그렇죠, 네. 저는 진짜 좀 이렇게 비판 능력, 뭐 이런 거보단 좀 '좋은 게 좋은 거'라고 생각하고 많이 살아왔었던 거 같아요. 근데 저는 사고 나고 3년까지도 억울하다는 걸 잘 몰랐어요, 왜냐면 나는 아이가 살아 왔기 때문에. 근데 재판을 하면서 알았어요. 방금 말씀하신 그런 맥락이더라고요. 내 아이가 이런 일이 없었으면, 나라에서 가서 바로 구조했으면, 제가 생각했던 것처럼 '우리나라가 어떤 나라인데', 구조했었으면 이렇게 하라고 하지도 않았어요, 이렇게까지 가지도 않았고. 근데 이제 2024년까지? 그 후는 정말 걱정이에요. 우리 아이가 만약에 이로 인해서 사회생활을 못 하게 되면요? 저 애의 엄마, 아빠가, 제가 이제 수명이 다 해서 죽으면 그 아이는 어떻게 되는 거죠? 결혼도 안 하고 혼자 살아 있으면 독거노인이 되는 건가요? 그럼 어떻게 해야 되는 건지 모르겠어요.

면담자   특례입학에 대해서도 한 말씀해 주시지요.

시우 엄마   특례입학에 대해서는 사실 저는 좀 움츠러들어요. (잠시 침묵) 왜냐면 일단 다들 그렇게 생각하는 사람들이 많고, 근데 우리 아이들은 도저히 공부할 수 있는 상황은 아니에요. 상황이 아니었기 때문에…. 그럼에도 저는 사실 특례로 가는 거 싫었어요. 그런 애들이 많아요. 특례로 가는 게 싫어서 시우 같은 경우에는 합격했는데도, 홍대도 보고, 그니까 예체능은, 미술은 특례가 안 돼요. 그래서 시험을 봤어요, 몇 군데는. 여섯 개를 쓰는데, 시우가 세 개인가를 특례를 내고 나머지는 특례가 아닌 걸로 냈는데, 떨어지고 이제 세종 거기가…, 홍대, 홍대 세종캠퍼스다, 거기가 됐거든요. 거기서는 이제 "장학금도 받을 수 있다"고 문자도 왔었어요.

글쎄요. 옳고 그름으로 판단하기는 어려운데, 이게 불편함이 있죠. 그리고 뭐 [다른] 아이들의 자리를 뺏어서 가는 건 아니었잖아요, 정원 외로 들어가는 거였기 때문에. 근데 그렇게 생각하지 않는 사람들이 많이 있고, 그렇다고 일일이 찾아다니면서 저희가 얘기할 수도 없고, 굳이 그거를 (잠시 침묵) 받는 사람 입장에서. 그니까 제 개인적으로, 제 입장에서 하자면, 국가의 미안함의 표현? 아주 작지만? 뭐 그렇게 받으면 될까요? (면담자 : 어머니가 아니라 교육계가 할 얘기를 해주고 계시네요) (웃으며) 그렇죠. 근데 참 사회가 그런 거 같아요. 사회, 우리 사회 자체가 그런 세상이었더라고요. 너무, 그냥 힘이 있으면 되는 거고, 부조리한 것도 그냥 넘어가고, 내 거를 너무 뺏기지 않으려는 사람이 너무 많고, 가지면 가질수록 더 많이 가지려고 하고….

면담자　　　　참사 나고 어머니 교육관이 바뀌셨을 것 같은데….

시우 엄마　　　　엄청 바뀌었죠. (면담자 : 무조건 좋은 대학 가야 된다고 생각하시지는 않을 것 같고) 아니요. 그렇진 않아요. 욕심이 없는 건 아닌데, 사실은 욕심이 있었었죠. 근데 그건 정말 그야말로 욕심이더라고요. 저도 그 시간을 겪으면서 자라온 사람임에도 불구하고, 아이가 조금 잘하는 거 같으니까 욕심이 막 생겨요. 근데 정말 제가 많이 바뀌었어요. 그때가 이제 고등학교 2학년이었으니까 입시에 대해서 생각하는데, 진짜 진심으로 아이들한테 그랬어요, "너가 하고 싶은 걸 했으면 좋겠다". 그니까 "당당하게 니가 하고 싶은 걸 말을 했으면 좋겠다"고 얘기하고….

근데 아빠는 사실 욕심을 많이 가지고 있었더라고요. 나중에 그것 때문에 힘들었거든요. 처음으로 애 아빠하고 의견이 다른 걸 거기서 확 느꼈어요, 원서 쓸 때. 그래서 애 아빠는 애 아빠대로 답답해하고, 저는 저대로 막 너무 힘들고 그랬어요. 근데 정말 바뀌었어요. (면담자 : 결국은 시우의 행복이 중요하고, 또 시우가 판단하고 결정을 하는 것이) 그렇죠, 그렇죠. 네, 정말 그렇더라고요. 근데 이제 아빠는 좀 그렇게 생각하는 거 같아요, 우리 사회가 어떤지 아니까. 남자잖아요. 남자들은 정말 치열하게 그 삶의 현장에 있으니까 내 아이에게 어느 정도의 자리를 마련을 해주고 싶은 거예요. 그 마음은 너무 알겠어요(웃음).

근데 저는 그렇지가 않더라고요. 그냥 뭘 해도, 그냥 바느질을 해도 내가 행복하면 좋은 거 아니야? (면담자 : 시우의 대학 선택도 그런 마음에서 하고 싶으셨겠네요) 그랬겠죠. 네, 그랬죠. 근데 아빠의 영향이 컸죠, 결국은. 건축을 선택하게 된 게, 아빠는 원래 한 놈은 건축을 시키고 한 놈은 법을 시키고 싶어 했어요. 그런데 시우는 이제 디자인하고 이런 걸 좋아하니까, [건축학부에 가서도] 이렇게 설계할 때는 재미있어해요. 근데 시우가 문과였거든요. 문과고, 시우가 다 좋은데 수학에 정말 약한 아이였어요. 그니까 수학, 과학 이런 게 있다 보니까 1학년 때도 되게 고전했었고. 근데 [제가] 그랬어요, "시우야, 학점을 너무 신경 쓰지 마. 그냥 네가 할 수 있는 만큼만 해". 그리고 뭐, 그런 과목은 C 맞아도 너무 잘한 거 같은 거예요(박수). 그니까 한 발 한 발 나아가고, 힘든 것도 이겨내고 그렇게 하는 것들이 [중요한 거라고 생각해요].

근데 모르겠어요, 이제 휴학을 했으니까 또 어떨지. 그리고 학교 가서 그 단원고라는 거, 모든 애들이 그랬어요, '단원고라는 거를 밝혀야 하나? 어떻게 해야 하나?' 그것 때문에 굉장히 힘들어했죠. 시우도요. 엄청 힘들었는데, 제가 잘했는지, '잘못했다'는 생각도 있고, 모르겠어요. 그니깐 [시우가] 제 얘기대로 했는데, 저는 '까고 가자'였어요, 그게 뭐 부끄러운 건 아니니까. 시우가 이제 MT 가가지고 "얘기를 했다"고 하더라고요. 근데 사람들이 다 놀라긴 했지만 오히려 이렇게 [배려]해주고 하는데, 그게 시우는 불편한가 봐요, 이제는. 시간이 갈수록 애는 더 불편해하더라고요. 근데 그걸 뭐 다 아는 것도 아니고, 아이들이 또 중간에 바뀌고 뭐 하는데, 그것 때문에 엄청 [힘들어하더라고요].

그리고 우리 75명 아이들이 다 그랬을 거예요. 정말 여기다가 단원고, 여기다 세월호를 얹고 다녔다고 해도 과언이 아니에요. '내가 가서 손가락질받으면 안 되니까, 나는 단원고를 대표해'라는 심리적 압박이], 아이들 하나하나가 다 그렇더라고요. 그래서 공부도 열심히 해야 되고, 뭐든지 다 잘해야 되고, 그 중압감이 엄청 심했었던 거 같아요. (면담자 : 시우도 대학 가서 그런 중압감이 당연히 있었을 테고) 네, 이제 1학년 때는 정말 학점이 괜찮았어요, 그래도. 근데 2학년…, 아… 시우 이런 얘기하면 안 되지만(웃음). 2학년 때 그러더라고요. "엄마, 남들이 하는 사춘기를 저는 지금 한다고 생각해 주세요" 그러더라고요, "그래" [그랬죠]. 그래서 2학년 때는 혼자서 부산도 가고, 울산도 가고, 이렇게 전국에…. 〈비공개〉 전 그런 것도 너무 좋았어요. 이렇게 세상으로 나가는 거 같고 너무 좋았는데, 정말 학점이 진짜 장난 아니었어요, 그 대신에(웃음).

그래서 여기는 싱가폴[싱가포르]하고 그거 맺어가지고 교환학생 하는데, 원래는 그거 가려고 그랬거든요. 그 2학년 때 성적 때문에 못 가게 됐어요. 그게 평균이 어느 정도 되어야 되잖아요, 그래서…. 그렇지만 괜찮아요, 저는. 근데 이제 또 아이가 그걸로 인해서 대신 또 의기소침해지는 거예요. '아, 내가 이거밖에 안 되는구나. 어떡하지?' 막 좀 그래서, 집에서는 "괜찮다"고 얘기하고 하는데…. 결정적으로 휴학을 하게 된 동기는 그 걔네가 그룹으로 하는 게 많은데, 거기 팀[원]들하고 너무 어려웠어 가지고…. 그니까 시우는 해마다 4월이면 너무 힘들어하거든요. 근데 4월이 중간고사 기간이잖아요. 그니까 시우가 1주기 때, 정확히 1주기 때, "여기 얼굴 갈았다" 그랬잖아요. 그 자리 그 상처가 그대로 살아났었어요. 너무너무 깜짝 놀랐어요. (볼을 가리키며) 여기가 빨갛게 그 위치에, 그 정말 너무 놀랐어요. 몸이 기억을 하고, 그 얼굴, 그 흉이 그대로 올라왔는데…. 지금은 흉이 없었거든요[없거든요]. 그때, 그때도 흉이 없었어요, 근데….

면담자   올해가 참사 나고 6년인데, 시우는 정신적 고통을 지금도 꽤 겪고 있군요, 뭐 당연한 겁니다만. (잠시 침묵) 1주기 때 얼굴 흉터가 다시 올라왔다는 건 몸이 기억하고 있다는 이야기인데, 충격적이네요. 시우가 깊이가 있는 친구라서 더 정신적 고통이 클 것이고 또 다른 면에서는 그런 깊이 있는 마음과 의지로 스스로 고통을 인내하며 이겨나가고 있는 것 아닐까 저는 생각됩니다. 그런 면에서 참 대단한 거죠. 국가나 사회가 이 모양인데, 스스로 그걸 견디며 이겨나가고 있는 것이니까요.

시우 엄마　　조금씩, 조금씩 좋아지고, 조금씩 크고 있죠. 그리고 이제 좀 단단해지는 거겠죠. 근데 이게 저희 부모님들이, 생존 가족 부모님들이 제일 겁내는 게 그 트라우마가 언제, 어떻게 발현될지 모르는 거잖아요. 그것 때문에 무서운 건데, 사실 지금도 매 주기마다 자해하는 친구가 있어요. 지금도 [그 아이는] 병원에 있거든요. 근데 저희도 얘기 안 하면 모르죠. 그리고 각 가정에서도 그런 얘기 일일이 하지 않아요. 저는 제가 이제 심리생계[분과], 회원조직[분과에서 활동]하니까 우리 부모님한테 부탁을 해요. "어려움이 있을 때는 꼭 얘기해 줘라. 그래야 같이 나서서 도울 수 있다. 그리고 너 아이만의 문제가 아니라 내 아이가 또 언제 그럴지 모르고", 그렇게 얘기하는데, 사실은 다들 바쁘고 자주 만나지 못하는 것도 있기는 해요. 근데 그런 게 너무 안타까워요. 〈비공개〉

　　근데 오히려 회의 들어가면 사실 유가족들이 많이 더 [응원]해 [주고 도와]줘요. "빨리 얘기해. 얘기해" 이렇게 하고, "그럼 생존자들은 어떻게 할 거냐?"고 얘기해 주고…. 근데 저는 사실 그 자리에 들어가면, 그때는 그렇게 했었는데, 저는 시우 엄마로 들어가는 게 아니에요. 그래서 유가족분들이 계셔도 얘기해요. "우리 아이들이 현재 이렇고, 이렇고, 이렇기 때문에 이건 이렇게, 이렇게 되어야 한다"고 얘기해요. 그럼 옆에서 [유가족들이] 같이 또 막 응원해 주고, 같이해 주고, "어떻게 해줄 거예요? 이쪽이 이렇다는데", 오히려 같이 얘기해 주고. (면담자 : 유가족과 생존 학생 가족의 성장한 모습을 보여주는 대목인 것 같습니다. 하나 된 마음의 표시 아닐까 싶네요)

9
생존 학생들의 트라우마 관련 상태

면담자   시우 얘기 조금 더 여쭙겠습니다. 생존 학생들의 현실을 좀 더 생생하게 증언으로 남기고 싶어서 그런 것이니 양해 부탁드리겠습니다. 요즘은 병원은 통원 형식으로 가고 있는 거죠?

시우 엄마   한 달에 한 번씩 지금도 계속 다니고 있어요. (면담자 : 고대병원에서 퇴원한 이후 계속 통원하고 있는 거네요?) 그 전에는 일주일에 한 번씩 간 적도 있었고요, 2주에 한 번, 한 달에 한 번 [다니기도 했었는데] 그 이상은 안 되더라고요. (면담자 : 대학에 가서는 어땠어요?) 가서도요. (면담자 : 대학 가서도 계속 약을 복용하지 않을 수 없었던 거군요. 복용하는 양이 좀 줄거나 했나요?) 유지해야 하는데, 저희 때문에 억지로 좀 줄여주셨어요. 왜냐면 아빠가 약에 대해서 거부감이 너무 커요. 그래서 아빠 친구가 뭐 "신경안정제 그런 거 먹었었는데 결국 자살했다"고 그래서 약 먹는 거에 대해서 너무 그래요.

근데 이제 저는 "약에 대해서 학교에서 교육도 해주셨다"고 했잖아요. 그런 걸 들어서 그렇게까지 그렇지 않고, 또 선생님도 그런 말씀을 하시더라고요. "약을 먹어서 나오는 부작용보다 약을 먹지 않아서 생기는 그게 더 위험할 수 있다"고 얘기하시더라고요. 그렇게 얘기해서 아빠를 설득했거든요. 아빠도 "아, 그러면 그렇긴 한데" [하고 수긍은 하지만], 그니깐 어떻게 보면 두 개씩 먹어야 되는데 하나 먹고 있다고 보시면 돼요. (면담자 : 약은 그럼 아침에 한 번만 복용하는 거죠?) 네, 네. 근데 약을 먹으면 또 집중을 잘 못한대요. 그러니까 시우가 학기 중에, 특히 4월에 기말고사 때는 너무너무 힘들어하죠. 집중이 안 되니깐요, 그리고 잠도 잘 못 자고. 그런데 이건 해야 하고 하니까, 그냥 그걸로 저는 '대단하다' 생각해요.

면담자   우울감이나 무력감 같은 게 특별히 오면 시우가 뭔가 어떻게 대응하는 방법 같은 걸 갖고 있던가요?

시우 엄마   그렇진 않아요. 왜냐면 그럴 때는, 너무 심하면은 중간에 차라리 한 번 더 병원을 가거나, 이제 아이가 [좀 안 좋으면] 상담하시는 선생님이 '아, 요번에는 한 번, 뭐 다음은 2주 후에 봅시다' 이렇게 할 수도 있기는 해요. 그니까 주기 다가오면 원래 그렇게도 해주셨거든요. 근데 오늘 거기 온마음[센터] 선생님이 말씀하시는데, "시우 지난주에 갔는데, 한 달 후에 [예약 날짜를] 받았는데, 어머니 중간에 한 번 더 가는 게 좋을 거 같다"고 아까 얘기하시더라고요. 그래서 시우하고 얘기해 보고서 한번 가든지 [하려고요].

면담자   약을 지속적으로 복용해야 하는 거고, 특히 4월이 가까워 오면 더 신경을 쓰고 하지 않을 수 없겠네요. 혹시 약 복용을 중지해 보신 때도 있으셨어요?

시우 엄마   어, 작년 여름에요. 이제 애가 너무 바쁘니까 정신이 없고, 딱 보통 일주일에 건축은 하루나 이틀은 [밤샘이] 기본이에요.

근데 작년에는, 아닌가? 그 작년인가? 작년 여름휴가? 작년인지 재작년인지 아무튼, 일주일에 5일씩 날을 샜어요, 작년 4학년 1학기는. 정말 최소한 나흘, 사흘에서 나흘은 날을 새고 집에를 못 왔거든요. 그런 상황에서 이제 사람들하고, 그 팀[원]들하고도 이게 잘 안 맞고 힘드니까 (잠시 침묵) 작년인가? 그게 벌써 작년이네요. 재작년인가? 네, 그건 그때였고….

저희가 여름휴가를 가기로 잡았는데, 그니까는 그렇게 바쁜데, 아이가 바쁘고 정신이 없으니까, 어느 날 보니까 약이 없더라고요. 제가 약을 이렇게 체크를 하거든요, [약봉지를 하나씩] 다 잘라놓고. 근데 약이 없는데 저번에 받아 온 거 같아요. 비닐에 들어 있었던 거 같은 거예요. 그래 갖고 "시우야, 약 좀 내놔봐" 그랬어요. 그러니까 약을 이미 한 며칠 못 먹은 거 같더라고요. 그랬는데 얘가 "약이 없다"는 거예요. "이상하다. 약이 없을 리가 없는데, 항상 여기다 놓는데고. 아니면 니 가방 속에 있는지 찾아봐" 그랬는데, 약이 없어요. 알고 봤더니 병원을 안 간 거예요. '갔다'고 생각을 하고 그걸 놓친 거예요. 한 번 미뤘는데 이제 너무 바쁘니까, 그래 가지고 약을 못 먹었어요. 근데 그걸 못 먹은 지가 이제 한 달 정도 된 거예요.

근데 이 약은 먹는 동안에 부작용이 많지는 않은데요, 약을 끊을 때 부작용이 생기는 거예요. 그냥 임의로 끊을 수가 없는 약인 거예요. 근데 다른 친구가 이미 그 전에 자기 맘대로 약을 끊어가지고 얘가 이제 공황이 왔었어요. 그래 가지고 "병원에 입원을 하라"고 해서 입원까지 하게 됐었는데, 우리가 내일모레 이제 여름휴가를 잡아놨거든요. 근데 얘가 이제 한 달이 넘어가는 그 시점이 되니까 얘가 이제 증상이 나온 거예요, 그래 가지고 "숨을 잘 못 쉬겠다" 그러고. 이제 부랴부랴 전화를 했죠. 근데 그 대학병원 의사 선생님들은 그 진료 날짜가 정해져 있잖아요. 오시는 날에만 오시잖아요. 그러니까, 근데 다른 선생님은 안 된대요, "그 선생님이 오시려면은 우리가 휴가 가는 날 이제 해야 된다"고 하더라고요. 그 뭐 [휴가 날짜를] 조절할 수 있긴 하지만, 그니까는 그 병원에서도 다른 선생님[은 안 되고], "약만 시우는 처방 안 돼요, 어머니", "선생님 만나야 된다"고 그래 가지고, (웃으며) 아침에 다시 선생님 만나고 처방받아 가지고 그렇게 해서 [휴가를] 갔거든요. 근데 그게 다시 그 제자리로 올라가려면 약을 먹고 2, 3일이 지나가야 돼요. 그래서 '아, [약을 끊는 건] 안 되는구나', 그 생각을 했죠. 이제 그 끊는 것도 선생님[의 지도와] 본인의 의지가 필요한 거죠. 그래서 선생님 지도하에 뭐 이렇게, 이렇게 했으면 부작용이 없었을 거예요. 근데 그런 거 보면 또 무섭고…. 다른 아이들 같은 경우에도 자기가 마음대로 끊으면은 그렇게 되더라고요.

면담자   생존 학생 중에 정신적으로 힘든 아이들 어느 정도 된다고 알고 계셔요?

시우 엄마   보통 그거를 수치로 보면은요, 트라우마가 아무렇지 않은 팀이 한 10프로, 15프로 정도 되고, 그다음에 아주 심각하게, 끝까지 가는 팀은 한 2, 3프로라고 해요, 수치상으로. 근데 저희는 작년에 그 코호트 검사 하잖아요. 거기서 계속하거든요. 거기서도 "세월호는 조금 더 많다"고 얘기하더라고요. 그리고 저희가 소송하면서 김은지 선생님이 이렇게 그래프상으로 [아이들의 상태를 정리]해

줬었어요. 근데도 안 좋은 아이들이, 소송 가는 팀만 해도 저희가 퍼센트로 하면 꽤 되죠. 퍼센트로 나타냈을 때는 우리가 그때 열여섯 가족이었으니까 제가 볼 때는 15프로 정도 되는 거 같아요. 근데 배·보상 팀 같은 경우에는 온마음센터에서만 알고 있잖아요. 그거가 드러나지 않으니까, 거기는 이제 개인에 관한 거니까 공적으로 알려주진 않잖아요. 근데 아마 더 있을 거 같아요, 많이.

이제 시간이 더 지나가면서 조금 더 나아지는 친구들이 또 생기고, 이게 그대로 고착이 되는, 죽을 때까지 가는 사람은 이제 다른 통계처럼 뭐 그렇게 낮을 수도 있겠죠, 근데 아직 진행 중이니까. (면담자 : 정신과 약을 복용하지 않으면 안 되는 생존 학생이 10프로 이상은 된다고 추정하시는 거잖아요?) 아니, 약 복용하고 상관없어요. 그 검사했을 때 그걸로 얘기한 거거든요. 근데 약을 처음에는 안 먹었었던 아이들 [중에서]도 지금 먹는 아이들도 있어요. 그리고 먹어야 되는데 안 먹고 버티다가 이제 심각해지는 애들이 있고요. 그래서 저희 부모님들은 사실 정말 너무너무 불안하죠. 그게 제일 무서워요, 그게.

면담자   온마음센터는 기본적으로는 생존 학생 전체를 케어하고 있는 것이기는 한 거죠?

시우 엄마   그렇죠, 네. 근데 이제 온마음센터를 안 가려고 하는 아이들도 또 있어요. 그니까 뭐, 이게 '다 맛있어. 이걸 먹어' 해도 입맛에 안 맞는 사람이 있는 것처럼요. 그래서 그런 아이들이 [있으니까] 이제 온마음센터에서 "따로 본인이 원하는 곳에 갈 수 있게 지원을 해준다"고 하더라고요. 그리고 김은지 선생님한테 다니는 친구들도 있고요. [아이들을 케어해 주는 곳이] 많을수록 좋은 거죠.

면담자   정말 긴 시간 이야기해 주셨어요. 더 이상 하면 너무 힘이 드실 것 같고, 집중력도 떨어지실 수 있어서 오늘은 여기까지 하려고 하는데, 어머니, 어떠실까요?

시우 엄마   네, 괜찮습니다.

면담자   오늘 너무 오랜 시간 수고 많으셨고요, 어려운 이야기 털어놔 주셔서 감사합니다.

시우 엄마   네, 수고하셨습니다.

2회차

2020년 4월 14일

1
시작 인사말

면담자   본 구술증언은 4·16 사건에 대한 참여자들의 경험과 기억을 기록으로 남김으로써 이후 진상 규명 및 역사 기술에 기여하고자 합니다. 지금부터 문석연 씨의 증언을 시작하겠습니다. 오늘은 2020년 4월 14일이며, 장소는 안산시 단원구 4·16기억교실 교육장입니다. 면담자는 김익한이며, 촬영자는 강재성입니다.

2
생존 학생들의 모임 '메모리아'

면담자   이틀을 연이어 이렇게 나와주셔서 감사합니다. 오늘은 부모님들의 투쟁 과정에서의 경험, 소회 등을 일부 여쭙고요, 생존 학생들의 활동에 대해서도 여쭌 다음에, 어머니의 참사 이후의 생각의 변화 등에 대해 이어서 이야기 나누도록 하겠습니다. 먼저 생존 학생들이 국회로 도보 행진한 것은 어제 말씀 나눴고요, 그 이후의 생존 학생들의 활동에 대해 기억나시는 것이 있으시면 편하게 말씀해 주시면 감사하겠습니다.

시우 엄마   (잠시 침묵) 잘 기억이 안 나요….

면담자   예를 들어서 1주기, 2주기 때 몇몇 아이들이 적극적으로 움직여 줬던 것 같은데….

시우 엄마   네, 맞아요. 그때 했었죠. 그때 1주기 때 다 같이 분향소에 갔었고, 그리고 (면담자 : 안산 정부합동분향소?) 네, 거기 갔었고, 그다음에 그때 학생회장 아이가 친구들에게 보내는 글, 이런 거 읽었던 거 같아요, 네. (면담자 : 그럼 2주기 때였나 보네요) 2주기 때인가요? (면담자 : 1주기 때는 정부가 시행령, 배·보상금 공격을 해와서 공식 행사 못 했을 거예요) 어, 기억이 잘 안 나요. (면담자 : 가물가물하시지요 당연히. 2주기 때는 졸업하고 나서인데, 졸업하고서도 계속 생존 학생들의 모임이 있었다는 이야기네요?) 졸업하고, 네, '메모리아'. 그래서 이렇게 주기별로 아이들이 모여서 "우리가 할 수 있는 게 뭐가 있을까?" 그렇게 이제 회의도 하고요, 해마다 뭐 스티커나 엽서, 아이들 마음, 친구들을 그리는 마음들을 그렇게 담아서 각자 자기들이 글도 쓰고 그림도 그리고 사진도 찍고 해서, 이제 그런 걸 시민들하고 같이 나눔을 하더라고요.

면담자   주로 어디서 아이들은 활동을 했나요?

시우 엄마   광화문에서 했어요. 근데 이제 올해는 이 코로나 때문에 못 하고, 아마 이제 6주기 때 현장에서 나눔 할 거 같아요, 기억식 때. 아이들이 뭐 이렇게 '꼭 다 모여야 된다', 뭐 그러면 좋겠지만, 모일 수 있는 아이들끼리 모여서…. 그니까 요번에는 뭐 네 명이 모였으면 다음번에는 다섯 명이 모이고, 오늘은 뭐 시우가 왔다거나 그러면 다음번에 또 못 갈 수 있으면 다른 친구가 오고, 이렇게 자기네 형편 따라서…. (면담자 : 졸업 이후에 이뤄진 초기 모임 등에 대해서 들으신 게 있으신가요?) 그게 졸업하고 바로는 안 됐었구요. 한 4주기에 본격적으로 했던 거 같아요. 아이들이 한 다섯에서 일곱 명? 네, 다섯 명? 인원은 더 많았는데 모여서 하는 거는 보통 그 정도, 평균 그 정도 하고, 광화문에서 이제 부스도 따로 마련해 가지고 '메모리아'라고 해서 거기서 나눔을 했어요. 작년에도, 5주기 때도 했었고. (면담자 : 시우한테서 들은 얘기예요?) 아니요, 물어보지 않았어요, 그거는 물어보지 않아도 충분히 알 수 있는 거니까. 네, 그냥 "너무 대견하다"고 얘기했죠, "기특하고, 너무 잘…, 엄마가 볼 때는 너희 너무 멋진 거 같다"고.

면담자   생존 학생들이 이렇게 끝까지 뭔가를 하려고 시도하고, 노력하고 하는 것도 그렇고, '메모리아'라는 이름도 그렇고…, 저는 이것은 우리 사회가 해보지 못한 새로운 장을 여는 행위라고 봅니다. 아이들은 참 많이 힘이 들기는 하겠지만요. 어머니는 아이들의 이런 활동이 어떤 의미를 지닌다고 생각하세요?

시우 엄마   그런 거 같아요. 그러니까는 뭐, 이렇게 승화라고 표현하면 너무 거창할지 모르겠지만 그런 것도 되고, 또 친구들을 그리워하는 마음도 같이 있고, 그들을 기리는 마음도 있고, 또 '유가족 부모님들하고 함께하고 있다'는 걸 자기들 나름의 표현으로 그렇게 하는 거 같아요. 그리고 '메모리아'하고 함께하지 않지만 자기가 다니는 학교에서 또 거기서 그 학교 친구들하고 같이 그런 리본 나눔하는 아이들도 있어요. 그래서 각자가 추모할 수 있는 방법으로 그렇게 하고 있다고 저는 알고 있어요. (면담자 : 단원고에서 리본 나눔을 한다는 얘기예요?) 아니요, 자기가 다니는 학교. 네, 대학에서 그때 이제 친구들하고 같이 그 리본 나눔을 하더라고요, 팔찌도 나누고. 자기들이 돈 주고 산다거나, 이렇게 다 준비를 해가지고 뜻있는 친구들하고 같이해서, 그 주기 때마다 그렇게 하고 있는 아이들도 있는 걸로 알고 있어요.

면담자　　　단원고 출신이라고 하면 대부분 세월호를 연상할 것이고, 그런 게 생존한 아이들에게는 여러모로 부담이 될 수도 있었을 텐데….

시우 엄마　　　자기가 먼저 오픈을 한 거죠, 그 친구는. (면담자 : 주변의 시선에 대해서는 어떻게 생각했을까요, 아이들이?) 감당하는 거죠. (면담자 : 아, 감당할 각오를 하고 하는 거네요) 그럼요, 네. 감당하고 맞서는 거죠. (면담자 : 옆에서 보는 어머니의 입장도 들어보고 싶네요) 걱정은 안 들어요. 오히려 그런 아이들은 너무 장하고, 너무 자랑스럽고, 한편으로는 그 아이가 부럽기도 해요. 엄마인 저도 물론 하고 있긴 하지만, 저도 되게 겁이 많거든요. 진짜 겁쟁이예요, 이렇게 살아온 제 모습을 바라다보면. 그런데 '그 많은 아픔을 가지고 있으면서도 그렇게 당당하게 맞서는 그 용기가 너무 대견하고 대단하다'는 생각이 들어요. 걱정은 안 해요. (잠시 침묵) 그러면서도 힘을 얻는 걸 느끼거든요, 그 안에서.

　또 다 그렇게 반대하고 뭐라고 하는 사람만 있는 건 아니잖아요. 같이해 주는 그 친구들이 있고, 또 그 리본을 받으면서 이렇게 "함께 하겠습니다" 그런 말이나 눈빛을 주고받을 때, 그 아이에게 분명히 그게 힘이 될 거라고 믿거든요. (면담자 : 대단한 선택이지요. 스스로 단단하게 만들어가는 과정이고요) 그렇죠. 근데 어쨌거나 거기에는 "감당한다"는 제가 표현을 했잖아요, 그게 들어 있기 때문에 그만큼 힘들 거 같잖아요. 자기가 그걸 참고 견디고, 그 순간들을 이겨내고 앞으로 나가는 건데…. 그니까 간담회 할 때, 이제 아이들이랑 간담회 하는 걸 제가 갔었거든요. 가서 들었는데, 그런 걸 느꼈어요, 되게 용감하고 대단하고.

3
아이들이 공격받을까 봐 걱정하는 생존 학생 부모들

면담자   안산지역 사회복지사 분들이 '우리함께'라는 공간을 만들어서 형제자매들의 활동을 지원했었잖아요? 생존 학생들에 대한 그런 지원 활동 같은 건 없었나요?

시우 엄마   네, 따로 없었죠. 왜냐면은 유가족 그쪽이 인원도 워낙 많았고, (잠시 침묵) 그니까는 이걸 만약에 그 경중을 비교한다면 그때는 그쪽이 더 중했었잖아요. 저는 그렇게 생각 들거든요. (면담자 : 생존 학생들은 학교 다니면서 스쿨닥터 도움도 받고, 또 스스로 적극적으로 활동도 하려 하고 했었으니까) 그렇죠. (면담자 : 그래도 우리 아이들도 좀 도와주면 좋겠다는 그런 서운함 같은 건 없으셨어요?) 그때는 서운함 그런 거를 느낄 겨를이 없었어요. 왜냐면은 일단 내 아이는 살아 왔기 때문에 그것에 너무 감사했고요. 그리고 일단 살아 온 아이들이 더 나쁜 일이 일어나지 않게 지켜야 됐고요. 그게 엄청 컸죠.

다른 데를, 다른 걸 생각해 볼 여력이 정말 없었어요. 저는, 제가 생각해 봐도 2014년을 어떻게 지내는지 모르겠어요. 정말 한 번도 아플 틈도 없었던 거 같아요. 그리고 너무, 그니까 정신이 늘 깨어 있어야 됐었고, 피곤하면 그냥 쪽잠을 자고 하면서 계속 그런 하루하루를 지냈었는데, 그럴 수밖에 없었던 거 같아요. 그니까 이 아이들이 다시 또 혹여 잘못된 선택을 하거나 그런 일이 생긴다면, 그러면 안 되니까 오로지 그거 한 가지만 생각했었어요. 제가 어제도 말씀 드렸지만 저는 3년 정도 될 때까지 '억울하다' 이런 생각을 해본 적이 없어요.

면담자　　　생존 학생들의 활동에 대해서 그렇게 많이 나오지는 않았지만, 그리도 신문지상에 보도도 되고 했잖아요. 그럴 때는 어머니 마음은 좀 복잡하셨을 것 같아요.

시우 엄마　　　조심스러웠죠, '이걸 가지고 또 뭐라고 얘기를 할까?' 아이들이 공격을 받을 게 가장 큰 걱정이었죠. 그래서 항상 그런 게 있을 때마다 찬반이 나뉘었었죠. 왜냐면 "이건 해야 한다. 그리고 알려야 하는 부분이다", 근데 또 한쪽에서는 "아이들을 보호해야 한다. 애들이 우선이다". 그니까는 그런 것들이 어려웠죠, [저] 스스로 판단하는 것도. '이걸 하는 게 맞는 걸까? 그냥 가만히 있는 게 나은 걸까?'

면담자　　　촛불 때 아마 2017년 1월 초였던 거로 기억하는데, 생존 학생 아이들이 아홉 명인가? 쭉 나와서 그 많은 사람들 앞에서 발언했을 때 정말 펑펑 운 기억이 나는데, 생존 학생이 "지금도 친구들을 잊지 못해 답 없는 페이스북에 글을 남기고 있다", "그 친구들을 앗아간 주범을 찾는 데 최선을 다하겠다", "유가족 부모님들께 무조건 미안하다", "나중에 하늘로 간 친구들 만났을 때 떳떳하고 싶다", 그런 이야기를 했었어요. 아이들의 이런 행동들을 어떻게 생각하세요?

시우 엄마　　애도의 방법인 것도 같아요.

면담자　　아이들의 속 깊고 용감한 행동들에 대한 긍정과, 아이들이 다치면 어쩔까 하는 부정의 감정들이 교차되는…, 그런 것들이 부모님들의 고민의 지점이었을 것 같아요.

시우 엄마　　그니까 아이들보다는 사실은 부모님들이 더 걱정이 많죠. 애들은 어떻게 보면 되게 심플해요. 그냥 그게 있으면, 우리도 어렸을 때, 젊었을 때는 그렇게 행동하잖아요. '이거? 그래, 해야 되겠어' 그러면 앞뒤 생각하지 않고 하게 되는데, 이제 부모는 그게 아니죠, 내 아이가 무조건 우선이다 보니까. 그리고 이게 처음 있는 일이잖아요. 누군가가 이렇게 해왔던 거를 얘기를 해줬다면 '아, 그래. 이 방법이 좋겠어', 그렇게 취사선택하고, 우리가 좀 더 손쉽게 결정을 할 수 있을 텐데, 그게 없이 이게 맞은 건지 이게 틀린 건지…, 지금도 마찬가지고요. 그게 제일 어려운 거 같아요.

면담자　　영화 〈나쁜 나라〉 편집 과정에 대한 거 잠시 여쭙고 다른 이야기로 가겠습니다. 생존 학생 부모님들이 "영상 앞부분에 들어간 생존 학생들 등교하는 장면을 삭제해 달라"고 요구하셨었잖아요? 그게 어떻게 결정된 것이었는지를 혹 아시나요?

시우 엄마　　　그니까 아이들 얼굴이 나와서 네, 부모님이 그거를 (잠시 침묵) 좀 싫어하셨죠. "고소, 고발 이런 것도 있었다"고 들었거든요.

면담자　　　생존 학생 부모들 회의 같은 데서 결정된 것이었어요? 어머니도 회의는 가셨을 듯해서요.

시우 엄마　　　나갔죠, 항상. (잠시 침묵) 항상 나갔는데요, 머릿속에 저장되어 있는 게 별로 없어요.

면담자　　　2015년도니까 이미 생존 학생 부모님들의 입장이 나뉘었을 땐데, 영상 나가는 것에 대한 찬반의 이유는 어떤 거였습니까?

시우 엄마　　　그니까 저희는 그런 거까지 생각하지 못했던 거예요. 그냥 그 내용이 괜찮았고, '이거는 알아야 되는 거다'라고 생각을 해서 그런 내용적인 부분만 신경을 썼었던 거죠.

〈비공개〉

면담자　　　생존 학생 부모님들이 그렇게 의견이 갈리고 하면서, 다른 입장에 계신 분들에 대한 불만이나 미움, 뭐 그런 게 생길 수도 있잖아요?

시우 엄마　　　제가요? 안타까움은 있죠. 안타까움은 있는데, 그런 거 불만보다 저는 좀 안타까움이 있었던 거 같아요. 그치만 다 생각이 다른 거잖아요. 저는 사실 '우리 부모님 사이에서도 그렇게 생각이 다르리라'고 생각을 못 했어요. 그니까 왜 사람들은 그렇잖아요, 다 내 생각 같을 거라고. 근데 그런[생각의 차이 같은] 걸 확연하게 느

껐을 때 굉장히 안타까웠어요. 그니까 바라보는 게 너무 다른 거예요. 바라보는 게 정말 너무 다르고, 시각이 '어? 그렇구나'.

근데 또 한편으론 이해가 가는 거는 '내가 만약에 저 상황이면 나도 그렇게 느낄 수 있을 것 같아' [할 때도 있어요]. 예를 들면, 내 아이 친구 부모님이 뭐 '생일에 와달라'고 했었을 때 내 아이 지금 너무 힘든데, 근데 저 같은 경우는 직접적으로 그런 얘기를 들은 적이 없었고, 어떻게 '서운하다'는 표현을 제가 직접 듣지는 않았으니까요. 그게 또 굉장히 간극이 크더라고요. 직접 들었을 때와 이렇게 건너서 들었을 때는 또 느낌이 다르잖아요. 그니까는 그런 부분에 있어서는 또 이해는 돼요.

그렇지만 이제 저희가 75명이 다 같이 함께 가기를 기대했었고, 사실 그때까지만 하더라도 "이렇게 온 것도 길게 온 거"라는 얘기를 우리들이 했었거든요, 그런 걸 보면은 대단하고 그랬었는데…. 이게 그렇잖아요, 크게 보면 하나인데 그 안에서의 또 생각들이 다 달라지니까, 또 이렇게 생각[이 비슷한] 사람들은 다 이렇게 끼리끼리 모이게 되잖아요. 결국 그런 거 같아요. 나랑 더 생각이 비슷한 사람들끼리 모이게 되는 거 같더라고요. 그게 서로 뭐 또 마음은 편하고, 나중에는 그렇게 [서로 나뉘게] 됐지만, 그 상황이 마음이 편한 것도 있었죠. 왜냐면은 생각이 다른 사람들하고 자꾸 부딪치면서 이렇게 이해해야 하고, 이해시키려고 [해야] 하고, 또 막 부딪쳐지는 부분들이 너무 힘드니까…. 그리고 너무 많은 일들이 하루에도 너무 많이 일어나는 거예요. 사실 제가 그래서 기억을 잘 못하는 거 같기도 해요, 너무 힘들어서 내려놓는 부분들도, 빨리빨리 비워야 또 다른 게 들어오니까….

4
생존 학생 부모 내에서 배·보상 관련 입장 차이

면담자   좀 불편하실 수 있습니다만, 배·보상에 대한 이야기를 조금 더 나누도록 하겠습니다. 소송 제안은 누가 먼저 하셨나요?

시우 엄마   애진 아버님이 하셨던 거 같아요.

면담자   생존 학생 부모 모임에서 애진 아버지가 얘기를 꺼내셨던 건가요, 그럼?

시우 엄마   그니까 변호사님들하고 얘기를 먼저 나눴었던 거 같아요. "유족들이, 유족들도 그렇게 하는데, 우리들도 소송하는 게 어떻겠냐?" 뭐 그런 제안은 했었죠. 그때도 이제 박주민 변호사님이랑 황필규 변호사님이랑 항상 같이해 주셨거든요. 그러면서 "만약에 배·보상을 받았을 때는 이러이러하고, 소송을 받았을 때는 이러이러하다"라는 거를 객관적으로 그냥 설명을 해주셨어요. (면담자 : 선택할 수 있도록 안내를 주로 해주신 거네요) 네, 그렇죠.

면담자   소송에 참여한 가정은 몇 가정이셨나요? (시우 엄마 : 그게 열여섯 가정이에요) 그분들이 이제 가협[4·16세월호참사가족협의회]하고 함께 행동을 하신 거군요.

시우 엄마   그렇죠. 열여섯 가족이 가족협의회와 같이하게 된 거죠. 그리고 유가족분들은 다 소송 가는 분들만 가족협의회에 계신 건 아니더라고요. [그런 분들은] 배·보상받으셨어도 이제 '진상 규명이나 안전사회 건설을 함께하자'는 마음으로 하는 건데, 근데 저희 생존 가족들은 애초에 유가족분들하고 어울리는 걸 어려워했었고요, 거기다가 이제 소송을 가는 가족들은 가족협의회에서 도움을 많이 받았어야 됐었으니까, 그런 것도 있었고요. 근데 이제 배·보상받는 분들은 그냥 배·보상은 신청만 하면 받을 수 있었던 거니까 특별히 그런[같이 하겠다는] 건 없었던 거 같아요.

그리고 그런 게 많았어요, 그때는. 이제 최근에 저희 가족협의회에 들어오신 어머니, 저희 생존 가족 엄마 얘기를 들어보면은 그렇더라고요. 그때는 모든 걸 피하고 싶었대요. 그냥 빨리 여기서 벗어나고 싶은 마음? 내 아이가 너무 힘들어하니까 아이를 좀 여기서 떨어뜨려 놓고 싶은 마음이 컸던 거예요. 근데 아이는 자라면서 엄마 모르게 오히려 더 간담회도 가고, 이쪽에 관심[이] 많은 거예요. 그리고 또 한 아이 같은 경우에는 엄마도 너무 힘들었어서 그랬더라고요, "언니, 나는 모든 걸 하기 싫어. 그래서 그냥 배·보상은 신청해서 그냥 받았고, 그 사람들하고도 어울리기 싫고, 여기도 함께하기 좀…". 그 이유도 내 아이가 너무 힘들어하니까, "내 아이를 잃을 거 같아서 언니 나는 아무것도 안 할 거야"라고 그 당시에 저한테 얘기를 했었어요.

그랬는데 시간이 지나면서 아이가 그랬대요. "엄마는 이걸 위해서 한 게 뭐가 있어요?" 그렇게 얘기를 하더래요. 정말 망치로 한 대 맞은 거 같았대요. "너무 부끄러웠다"고 얘기하더라고요. 그리고 아이가 그랬대요. "이거는 결국은 우리가 할 얘기야. 나는 할 거야"라고 얘기했대요. 그래서 아이를 위해서 가족협의회에 다시 들어왔어요. 그리고 또 그때도 "배·보상하냐?", "소송하냐?", 부모님하고 아이하고 생각이 달랐던 가정들도 있어요. 왜냐면 아이 입장으로 [배·보상받는 쪽으로] 많이 갔었죠, 왜냐면은 지금 아이가 하자는 대로 해야 할 것 같고, 아이가 이렇게 싫어하는데…. 그니까 아이들은 이렇게 자기가 이목의 중심에 서고 이런 것들이 너무 힘든 거죠. 그리고 아이였잖아요, 고등학생이었거든요, 그때. 그렇다 보니까 가정마다, 쉽게 결정한 가족도 있죠. 또 이제 부모가 결정을 해서 아이를 설득시킨 가정도 있고.

근데 또 한 가정 같은 경우에는 그렇게 들었거든요. 아이가 그때는 "나는 소송 절대 [싫어]", 왜냐면 소송이라고 하면 어린아이들은…. 저희 시우도 무서워했거든요. '소송하는 건 겁난다'는 거죠. '잘못한 사람들이 (웃으며) 대부분 소송에 휘말리거나 이렇다'고 알고 있잖아요. 그래서 법정에 가고 이런 거에 대해서 아빠가 얘기했대요, 그 아이한테, "나중에 후회한다고 절대 말하지 마라. 니가 분명히, 니가 배·보상[받고] 소송 안 한다고 얘기했다". 그리고 그 집은 엄마, 아빠도 생각이 달랐는데, 아빠는 이제 소송을 하고 싶어 하셨던 거 같아요. 그런 가정이 몇몇 있는 걸로 저도 아는데, 근데 나중에, 나중에 이렇게 4주기 그때쯤 들었는데, 아이가 "그때 날 좀 말리지 그랬어" [하고 말했다고] 그렇게 얘기를 들었어요. 그니까 우리도 지금 마음 다르고 내일 마음 다를 수 있는 거잖아요. 그니까 그런 상황들은 집집마다 조금씩 있다고 보여져요.

그리고 또 저한테 하지는 않았지만, 가협에 있는 우리 부모님[하고] 또 가까운 가족들이 있잖아요. 거기 들어보면 "너무 부럽다"고, 그니깐 "그렇게 활동하는 모습이 되게 부러운데, 자기는 좀 부끄럽다"고 그렇게 이야기하는 것도 들었었고…. 근데 사실 힘든 길이죠. 힘든 길이긴 한데, 한편으로는 뿌듯해요. 저는 재작년쯤 제가 '아, 내가 이걸 과연 해도 될까?' 그런 생각도 했었거든요. 그래서 '내가 너무 시우 의사와 상관없이 내가 하고 싶은 대로 하고 있는 건 아닌가?' 그래서 물어봤던 적이 있어요, 시우한테. "시우야, 너는 엄마가 이렇게 가족협의회 일을 하는 거에 대해서 어떻게 생각해?" 그랬더니 그러더라고요. "처음에는 엄마, 저는 아무 생각이 없었다"고 하더라고요. 관심도 없었고, 그리고 엄마가 뭘 하는 것까지…, 자기 몸 추스르기도 힘들었을 테니까, 마음을 [쓰기는] 그랬는데, "엄마, 지금은 전 자랑스러워요" 그렇게 얘기하더라고요. 그래서 저는 사실 그때쯤은 '안 할까?' 했었거든요, 힘들었어서. 그랬는데, 아이의 그 말을 듣고 "응, 엄마가 힘낼게" 그랬었죠. 아이가 그렇게 말해주니까 너무 고마웠어요.

면담자   시점이 좀 앞으로 다시 돌아가기는 하는데, 제가 좀 확인을 정확하게 하지 못한 부분이 있어서 다시 여쭙겠습니다. 초기 상황에 대한 건데요, 생존 학생 부모님들[이] 아이들 등교하고 나서 단원고에 상주했었잖아요? 그게 어느 정도 지속되었습니까?

시우 엄마   한, 그니까 6월부터니까 (잠시 침묵) 3개월 이상, 3개월 정도? 그렇게 길지는 않았던 거 같아요. 2, 3개월이었던 거 같아요. (면담자 : 그럼 1학기 때까지만?) 6월에 들어갔으니깐요, 그리고 방학이 있었고, 한 두 달 정도였나? (면담자 : 2학년 2학기부터는 부모님들이 학교에 상주하지는 않은 거네요?) 네, 사무실을 따로 얻어서 나갔어요. (면담자 : 사무실은 어떻게 마련하게 된 거였습니까?) 올림픽기념관. (면담자 : 안산시에서 제공했나 보죠?) 네. (면담자 : 그럼 그 이후는 올림픽기념관 내 사무실에서 주기적으로 모임 같은 걸 했겠군요?) 회의 같은 거를 했던 걸로 아는데요. 저는 그때는 이제 직장을 다니고 있었기 때문에 전체 회의만 참석을 했죠. (면담자 : 전체 회의라면 생존 학생 부모 총회 같은 거?) 네, 일주일에 한 번씩은 회의를 했어요. 그럼 그 시간에, 저녁에 이제 퇴근하고 오시는 분들 해서 그 회의만 참석을 했었고…, 그때는 뭐 이런 활동은 안 했으니깐요. 그때는 이제 열심히 하시는 부모님들은 따로 거기서 회의를 하셨었죠.

면담자   애진 아빠가 대표에서 물러났을 때가 언제였죠?

시우 엄마   [20]17년 정도인 거 같은데요? 17년 (면담자 : 그럼 2년 정도 대표로서 활동하신 거였네요) 굉장히 힘들어하셨어요. 왜냐면은 (잠시 침묵) 그 가족협의회에서 하는 것도 사실 굉장한 에너지를 쏟는 일이었잖아요. 그리고 그동안에 거기서 그렇게 유가족들하고 함께하고, 그 생존자 자리가 마련이 될 때까지 정말…. 못 할 것 같아요, 보통 사람들은. 아무도 못 할 것 같은데 그런 일을 했고, 애진이랑 약속한 게 있었기 때문에 그걸 지키려고 그렇게 하셨던 건데…. 아무리 그렇다 하더라도, 거기서, 그 안에서 일어나는, 진상규명도 해야 되고, 뭐 심리 이런 것도 돌보고, 대외, 뭐 추모, 이런 거까지 다 있는데, '그런 모든 일에 애진 아빠가 도움이 컸다'고 생각이 들어요, 저는. 그래서 그 가족협의회에서도 힘들었는데, 우리 가족들 안에서의 그런 것들도 많이 힘들었었죠.

면담자   생존 학생 부모들이 좀 갈라지기 시작한 그 2015년 중반 총회에는 많이들 모였었습니까?

시우 엄마   그렇죠, 모였었죠. 그, 치열하게 했죠. 막 소리도 지르기도 하고, 생각이 다르니까. 그런 시간들이 있었어요. 그 7월경에 이제 갈라지게 됐는데, 그때는 굉장히 사이가 안 좋아졌었죠. 그때가 7월 말이에요. 정확히 기억해요. 그때 굉장히, 그 전부터 조금씩 이제 그랬다가, 그게 7월 말에…. 저는 그 회의, 가장 격렬했던 회의에 참석을 못 했어요. "엄마가 편찮으시다"는 얘기를 듣고 저는 전주에 내려가 있었거든요. 전화로만 이제 소식을 들었죠. 거기서부터 안 좋아져서, 그때 이제 완전히 확 깨진 거죠.

면담자   어떤 사안이 주요 원인이었어요?

시우 엄마   (잠시 침묵) 부모님들이 활동하는 거에 대해서도 사실은 이제 부담스러워한 거예요. 이게 직장을 다니지 못하고, 이제 임원으로 일하시는 분들은 생활비가 그게 이제 문제가 되는 거죠. 그래서 저희 부모님들이 사실은 십시[일반으로] 한 달에 얼마씩 회비를 거뒀었어요, 그래서 "활동하시는 분들에게 교통비라도 드리자". 근데 이제 그게 감수를 하지만 그게 또 한계가 있잖아요, 생활은 해야되니까. 이제 그런 것들이 불거지기 시작했던 거죠.

면담자	그런 일이 있었는데도 애진 아빠가 잘 버텨주셨네요.

시우 엄마　　네, 그 후에도 1년 정도까지 더 하셨던 거죠. 〈비공개〉

면담자　　후임은 곧 정해졌었나요?

시우 엄마　　잠깐 공백이 있었죠. 서로 안 하려고 했죠. 왜냐면 힘든 걸 알고, 그리고 대표가 되면은 [가협] 회의에도 참석을 해야 되거든요. 〈비공개〉 한 두 달 정도 공백으로 있다가 투표를 했어요. 그래서 소희 아빠가 되셨죠, 박소희 아빠.

5
가족협의회 심리생계분과에서의 활동

면담자　　앞에서 질문해야 할 것 중 빠진 것이 있어서 확인차 하나 여쭙겠습니다. 아이들이 구술증언을 했었다고 들었는데 그것에 대해서는 좀 알고 계십니까?

시우 엄마　　있었던 걸로 알고 있어요. 근데 저가 연수원에 없었었기 때문에 (면담자 : 연수원에서 집단 구술한 거 말고, 그 이후에요) 그 이후에는 저희가 그때는 전체적으로 소송 준비를 하느라고요. 그때 다 구술을 했을 거예요, 기억에 관한 것들을 전부 다. 그래서 그거는 자료로 있거든요. 근데 아이들이 개개인으로 했는지는 잘 모르겠어요. 그 사건 당시의 기록을 그때 했던 걸로 알아요. (면담자 : 변호사들이 소송 준비를 위해서 아이들 개개인의 구술증언을 자료로 남겨두었다는 이야기시군요?) 네, 그때 [소송 준비]하면서 다 했던 구술이 있던 걸로 알고 있어요. (면담자 : 지금 참사 후 6년이 지났는데, 참사 후의 아이들의 삶에 대해서 구술 자료를 남긴다든지 하는 것은) 논의가 안 되어 있어요. 근데 하려고 생각은 하고는 있는 걸로 알아요. (면담자 : 최근에 그런 논의가 있었나 보죠?) 네, 네, 최근에. 저희도 그걸, 저희뿐만 아니라 생존자 우리 부모님들도 마찬가지로 '그걸 해야 하지 않을까?'라고 생각은 하고 있어요.

면담자   다시 어머니 이야기로 돌아와서요, 직장 복귀하신 뒤에 직장에서 겪은 어려움 같은 건 없으셨어요?

시우 엄마   네, 저는 전혀 그런 건 없었어요. 오히려 걱정해 주고, 그리고 이제 아이가 있으니까, 저는 직장에서 우리 시우를 위해서 우리 직원들이 십시일반 해가지고 자전거를 선물해 줬어요, 인터넷으로 이렇게 주문해 가지고 그걸 다 조립을 해가지고. 그게 정말 너무 감동이었어요.

면담자   참 다행이었네요. 직장 외의 경험에서, '아이가 살아 왔는데 왜?' 하는 식으로 생존 학생의 고통이나 부모들의 어려움을 가볍게 보는 경우라든지….

시우 엄마   근데 이런 경우도 또 있죠. 그니까 은연중에 느끼는 건데, 제가 이제 그 세월호에 관련해서 이제 기사 같은 것도 보기도 하고 페[이스]북도 하고 [하다가], 그거 나오면 흥분할 때가 있잖아요. 그러면 그런 반응은 느꼈어요, '애가 살아 왔는데 왜?' 그런, 그런 부분에서. 저는 친구한테도 그런 반응을 느꼈거든요. 사실 많이 느끼는데, 근데 이제 또 아직까지도 계속 걱정해 주고 안부 물어주는 친구들도 있어요. 근데 그거는 저도 아마 그러지 않았[겠]나 싶어요, 저도 [참사 전에는] 그런 사람들이었던 거잖아요. 몰랐잖아요, 트라우마라는 것에 대해서. 그냥 막연히 '그런 게 있다'라는 건 알고 있었지만 그게 어떻게 나타나고 그러는 건지, '내 아이가 지금 현재 그게 진행 중이고 거기에 이렇게 매몰되어 있다'라는 거를 표현을 안 하니까, 잘 모르는 사람이 [그러는 건데], 그런 엄마였거든요, 저조차도. 그런 걸 보면 시우는 많이 힘들었을 것 같아요.

면담자   직장을 2014년 5월에 복귀하셨는데, 시우 돌보면서 쉽지는 않은 시기였을 거 같습니다.

시우 엄마   그렇게 1년을 [직장생활을 하고] 마쳤죠, 12월에, 2015년 12월에. 아, 14년 12월에. 네, 12월까지 하고 그만뒀죠. (면담자 : 그만둔 이유는 주로 뭐였습니까?) 그거죠, 부모님들, 제가 그 기억교실 청소해 주려고, 우리 부모님들이 너무 힘들어하시니까. 저도 사실 힘들었죠. 그런 아이들 보는 것도 힘들고, 어떻게 해야 하는데 어떻게 할지도 모르겠고…. 부모님들이 이제 직장에서 아이 때문에 나온다고 하면 눈치가 보이고, 또 실질적으로 안 좋은 소리 듣기도 하고 그러니까 점점 청소하러 오시는 분들이 적어지고, 나오시는 분들도 힘들어하시고, 그렇게 되는 걸 보면서 '아, 내가 저거를 해줘야 되겠다' 그런 마음에서 그만뒀던 거죠.

면담자   쉽지 않은 결정이셨겠죠. 일하시는 것에 의미를 두고 쭉 살아오셨는데 그걸 포기하는 것이니 마음 깊은 곳에서는 갈등이 있으셨을 것 같아요.

시우 엄마   그 깊은 마음은 잘 모르겠어요. 근데 (잠시 침묵) '해야
만 한다'라고 제 마음에 어떤 소리가 있었겠죠. (면담자 : 청소 이외에
도 세월호와 관련된 다른 일들을 시작하셨겠네요?) 이제 그때부터 본격적
으로 제가 그 심리생계분과에 같이하게 된 거죠. 심리생계분과, 이제
혜빈 아빠가 저희 분과장이었고, 저는 같이하는…. 그니까 '우리 아
이들을, 우리 부모님들을 위해서 뭔가를 해야 되겠다'고 생각을 했었
으니깐요. 근데 어디서 그런 생각이 났는지는 진짜 모르겠어요. (면
담자 : 처음에 가협 사무실로 찾아가셨어요?) 아니에요. 그렇지도 않고
요. 저희, 저희 생존 학생 [부모]들 그 사무실이 있었잖아요, 거기서
우리끼리 회의를 했었죠. 그리고 그쪽[가협] 회의에는 혜빈 아빠하고
애진 아빠가 들어가셨죠, 뭐 도연 아빠, 이렇게 소희 아빠, 그런 분들
이 들어가셨고. 저희들은, 그리고 아무튼 그렇게 아빠들이 주로 들어
가셨어요. 주로 두세 분? 한두 분? 한 두 분 정도 들어가셨나?

이제 [그분들이] 거기서, 거기 회의 내용을 저에게 전달을 해주셨
죠. 그러면 우리는 생존 파트에서 할 수 있는 것들, 뭐 아이들을 위
해서 뭘 [할 것인가 하는] 그런 것들은 하고…, 저는 정말 그냥 가볍게
서포트였죠. 혜빈 아빠가 다 못 하시는 부분에 있어서 "뭐 거기에 좀
알아봐 주세요" 그러면 뭐 그 정도하고…. 부모님들하고 주로 근데
같이 있었던 거 같아요, 그러면서 서로 힘든 마음 서로 나누고. "오
늘 저녁에는 어땠어. 저번에 이런 소리를 하더라" 이런 것들을 이제
함께 [이야기]하고, 서로 그니까는 서로 이렇게 지지해 줬던 거죠. (면
담자 : 안산올림픽기념관 사무실에 자주 가셨던 거네요) 네, 회의 있다고

하면 가고, 그 외에는 이제 누구 엄마 집에서 모여서 같이 얘기하고…, 주로 누구 집에 있었던 거 같아요. (면담자 : 주로 아이들 걱정 같이 나누면서) 그렇죠. 아이들 얘기하면서 그때, 그러면서 이제 우리끼리 있을 때 웃는 거예요. 웃고, "뭐 해 먹을까?" 이런 것도 하고, "우리 애는 뭐 어쨌어…". 그리고 힘든 거 얘기 많이 나눴던 거 같아요. 걱정되는 부분, "어떻게 해야 하지?" 그리고 이제 회의에서 못 했던 얘기, 거기서 듣고 왔던 거, "그럼 그거에 대해서는 어떻게 생각해?", "누구 엄마는 어떻게 생각해?" 그런 것도 나누고, 마음 맞는 사람들끼리 그렇게 좀 했었던 거 같아요.

면담자　　2015년 4월 초에 유가족들이 삭발하고 영정 사진 들고 안산에서 광화문으로 행진하였잖아요? 시행령 때문에 특조위 [4·16세월호참사특별조사위원회]가 무력화될 위기에 몰린 상황이었어요. 이때는 생존 학생 부모들도 이 행진에 참여하셨었나요?

시우 엄마　　애진이네는 아마 참여했을 거 같아요, 애진 아빠나 소희 아빠나. 근데 저희들은 그런 게 날 때마다 사실은 더 무서웠어요, 우리 아이들이 어떤 영향을 받아서 '얘가 혹시라도 어떻게 하면 어쩌지?' [하는 생각에]. 그리고 그사이쯤에 아이들이 이제 자살 기도가 있었잖아요. 그래서 (면담자 : 2014년 말에) 그니까 그런 것들이 이제 막, 저희는 사실 아이, 아이, 아이였죠. (면담자 : 자살 시도한 생존 학생이 나오고 하면서 불안감은 더하실 수밖에 없었겠네요) 그랬죠. 그리고 그 후에도 또 다른 아이가…, 그 [일이 있은] 후에 2015년도 가을인지, 아무튼 그런 일이, 우리 부모님들이 이렇게 배·보상하고 저기[소송

의로 나뉘고 나서 또 한 번 다른 아이가 [자살 시도한 경우가] 있었거든요. 어, 그때도 그랬죠.

이제 그런 일들이 [일어나니까] '아, 이제 시작인가 보구나'. 〈비공개〉 네 명 이상으로 알고 있는데, 제가. 그리고 사실은 저희가 모르는 게 있을지도 모르죠. 그래서….

면담자　　　그렇군요. 우리 사회가 생존 학생들의 실제의 현실을 잘 모르고 있다는 것이 큰 문제라는 생각이 드네요. 아이들 상태가 위험하니까 시행령처럼 정부의 왜곡이나 공격이 있으면 아이들을 먼저 걱정할 수밖에 없었던 상황이었겠군요. 생존 학생 부모님들이 유가족들과 함께 국가배상에 대한 소송에 참여하고부터는 대정부 투쟁에 좀 참여하지 않으셨었나요?

시우 엄마　　　저희 부모님들도 갔었죠. 그[소송에 참여한] 이후부터는 저희도 같이, 네. 저희가 이제 소송하기로 하고 가협에 [적극적으로 참여해서] 그때 계속 같이 가기로 하게 되면서 "어, 이제 우리도 같이하자" 그래서 많이 참석했었어요, 그 후부터는 이제. 그리고 그 촛불 그때도 정말 많이 다들 가셨었고. (면담자 : 광화문 지킴이 같은 활동에도 참여하셨었나요? 유가족들은 반별로 돌아가면서 계속 광화문을 지켰었거든요) 그때는 아니었어요, 네. 그건 아니었고, 그때 이제 광화문에서 다 모여가지고 [시위]하고, 물대포 쏘고, 이제 그게 시작될 때, 그때부터.

면담자　　　시위에 같이 참여하실 때는 노란 옷도 같이 입고?

시우 엄마　　　저는 안 입어요. 노란 옷 저희 잘 안 입죠. (면담자 : 다른 옷을 입지만 유가족과 같은 마음으로 참여를 하신 거네요?) 그니까 입을 때가 있고요. 근데 안 입을 때도 있는데, 저기 할 때, 피케팅 같은 거 할 때는 입기도 하죠. 그니까 그때그때 달라요. 근데 저는 뭐 노란 옷을 늘 유니폼으로 입고 다니지는 않아요, 그 전투복이라고 하는데(웃음). 아, 작년에도 이제 광화문 지킴이 저희가 활동 계속했잖아요. 작년에는 계속했거든요, 저도. (면담자 : 광화문에서 피켓 들고 하셨나 보죠?) 그거 하고, 그거 계속하고, 네. 그 작년부터는 제가 이제 엄마가 요양원에 가셨기 때문에 제가 시간이 나서 작년부터 정말 본격적으로 많이 참여를 하게 됐죠. 그 전에 17년에는, 작년이 19년이죠? 그니까 18년도까지는 이제 회의만 참석을 했었어요.

면담자　　　가협에 참여해서 유가족들과 함께 활동하신 것에 대해 조금 더 여쭈려고 합니다. 처음에 가협에 가입할 때 열여섯 가정이라고 하셨었는데, 그러니까 중간에 두 가정이 나가시고….

시우 엄마　　　소송, 1차 소송 끝나고 그분들은 나가셨어요. 근데 이제 그게 그랬던 거 같아요. 그때 애진 아빠가 욕을 먹었던 가장 큰 이유가 "왜 유가족 편에서 일하느냐?"는 거였거든요.

면담자　　　유가족들과 함께 진상 규명 투쟁을 하면서, 아이들 치료나 보호, 지원을 요구하는 일은 또 생존 학생 부모로서 해가는 것이었을 텐데…, 생각들이 다르니 참 힘든 과정들을 겪으셨으리라는 생각이 듭니다. 어머니는 15년에 활동을 시작하시면서, 가협하고 일을 같이하신 거잖아요? 그렇게 하시면서 특히 생존 학생과 그 가족들을 위한 일을 주로 하셨겠네요?

시우 엄마　　　생존 [학생] 반으로. 저는, 저는 이제 그 심리생계분과를 할 때도요, 그니까는 우리 가족의 이야기를 할 사람도 필요한 거잖아요, 애진 아빠가 모든 걸 다 할 수가 없기 때문에. 그래서 심리생계분과를 들어간 거였고…. (면담자 : 처음 들어가셨을 때 분과장은 누구셨어요?) 성호 아버지, 최성호. 15년부터 들어갔어요, 여름, 여름부터 들어간 거 같아요. (면담자 : 초기에 성호 아빠와 같이 일할 때 무슨 일을 해달라라든지 어떤 일에 대한 요구 같은 건 없었나요?) 요구하지 않았어요. "[생존 학생 부모로서] 할 말을 하라"고 했어요, "할 말을 하라"고.

면담자　　　가족협의회에서도 시우 엄마가 했으면 하는 일이 생존 학생들의 심리생계와 관련된 일이었던 거군요.

시우 엄마　　　뭐 그랬겠죠. (면담자 : 그럼 그런 것만 하신 거예요?) 그렇죠. 근데 뭘 할 때는 항상 같이는 다녔어요. 근데 제가 이제 얘기할 수 있는 거는 [제한적이었고], 왜냐면은 유가족분들이 말씀을 하셔야 [정부 측에서도] 잘 듣고, 그게 뭐 그런…, 그렇게 돌아갔었죠. 그리고 가족협의회에서도, 지금도 마찬가지지만 사실은 피해자들이라고 얘기하다가도, 그것보다는 유가족들이라는 말이 더 많아요, 가족협의회 유가족. 그니까 피해자로 명시되어 있긴 하지만, 사람들도 그렇고, 가끔 요즘도 뭐 이렇게 올라오는 거 보면은 "우리 유가족들이" 이렇게 말씀하시더라고요. 근데 그거에 대해서는 '그냥 그러려니' 생각하는데, 어떤 때 그게 이렇게 보이거나 들릴 때가 있어요. 그래서 '아, 피해자 가족인데', 이제 그렇게 생각하죠.

면담자　　　처음부터 팀장으로 함께 일하셨나요?

시우 엄마   그때는 팀장이라기보다, 팀장은 건우 아버지였고요. 저는 그냥 네, 팀원? (면담자 : 경기도미술관 안에 있던 가협 사무실로는 어느 정도 주기로 가셨어요?) 네, 회의 있을 때만, 회의가 있을 때. (면담자 : 주기가 어느 정도?) 어, 회의가 굉장히 잦았어요. 뭐, 국[무조]정]실 만나기도 하고, 보건복지부, 뭐 어디, 어디, 어디…, 그냥 심리생계분과가 "오늘 회의 있다"고 하면은 그런 회의에 다 참석은 했어요. (면담자 : 안산올림픽기념관 사무실도 나가시고?) 그때는 아니죠. 그때는 거기가 없어졌죠. 이미 저희가 이렇게 나뉘었기 때문에 저희는 가협으로 들어갔죠, 가협에 들어와서 회의도 그쪽[가협 회의실]에서 하고. 저희 생존 가족들도 일주일에 한 번씩? 아닌가? 처음에는, 안건이 많이 있었을 때는 그렇게 했었어요. 그러다가 이제 소송 가기로 하면서부터, 그 전에까지 준비 과정에서는 자주 만났었구요. 이제 시작되면서부터는 사실은 저희가 할 게 없더라고요, 이제 준비한 거 다 내고 이러니까, 변호사, 법무법인에서 알아서 하니까. 그러면서부터는 이제 저희도 회의는 가끔씩 한 달에 한 번? 이렇게 하게 된 거죠.

면담자   주로 어떤 논의를 하셨던 거로 기억하세요?

시우 엄마   (잠시 침묵) 뭐 그 지원, 이런 것들이죠. 그니까는, 특별법에 의해서 그 [생존 학생에 대해] 지원하게 되어 있잖아요. 그래서 그거를 처음엔 5년으로 만드는 그런 과정이 되었었고, 주로 그런, 심리생계분과는 그런 걸 많이 했었던 거 같아요.

면담자   우선 의료 지원에 대한 논의가 많았겠네요.

시우 엄마 　　네, 의료 지원받는 것들이고. (면담자 : 다른 종류의 일도 있었나요?) 저가 갔을 때는 주로 그런 거였던 거 같아요.

면담자 　　의료 지원의 연한이 초기에는 5년으로 되어 있다가 이후 10년으로 연장되고 하는 변경이 있었던 거로 아는데, 그 외에도 여러 가지 구체적인 지원방안에 대한 논의들이 있었나요?

시우 엄마 　　다른 과정이 있었던 것도 같은데, 저도 생각이 잘 안 나요.

면담자 　　생존 학생하고 부모들을 대상으로 해서, 아이들에게서 나타나는 현상이나 문제들이 어떤 것들이 있는지를 조사하거나 하지는 않았나요?

시우 엄마 　　네, 하려고 했죠. 근데 부모님들이 얘기를 잘 안 해요. 지금도 마찬가지고요. 그 지난번에 저희 가족 간담회[를] 이제 반별로 하는데, 거기에서도 제가 얘기를 했었는데, "얘기를 좀 해달라"고, "그래야지 얘기를 해서 우리 아이들이 이만큼 힘들고, 그런 걸 알아야 내가 가서 얘기를 할 수가 있다. 아무것도 없는데, 그럼 다 잘 지내는 줄만 알고 있다". 근데 그냥 다들 사안, 사안이 바쁜가 봐요, 자기들끼리. 나중에 무슨 계기가 있어서 얘기를 들어보면, 이미 일은 다 지나갔더라고요. 그런 경우들이 많아서 좀 되게 안타까운데, 그렇게 얘기하는 거를 불편해하는 거 같아요. (면담자 : 왜 그럴까요?) 그냥 내가 감당해야 할 일이라고 생각하는 거 같아요. (잠시 침묵)

면담자 　　참사의 책임을 져야 하는 사람들이 생존 학생이나 그

가족에게 무엇을 해야 하는지에 대해 명확하게 생각을 하지 못하고, 그냥 각자의 집안일이라고 생각하기 때문일까요?

시우 엄마　　그럴 수도 있을 거 같아요, 네. 그리고 아직도 (잠시 침묵) 좀 유가족한테 미안한 마음? (면담자 : 어려움이 있어도 유가족들에 대한 미안한 마음 때문에?) 거기까지, 네. 그런 것도 있겠지만, 사실 거기까지 생각을 못 하는 거 같아요. 일단 뭔가 걱정되는 일이 생기면 그거를 해결해야 된다는 거에 집중을 하지, 이거를 뭐 '가족협의회에서 같이해서 한다'라는 생각을, 그렇게까지 못 하는 거 같아요. 그리고 '이것은 우리 가족 일이고, 내 아이 일이고, 내 일이니까 내가 해야 하지 않을까?' 이렇게….

〈비공개〉

　　부모도, 또 다른 가정 같은 경우는 온 가족이 그런 상황인 거죠. 엄마는 항암 투병 중이고, 아빠는 공황장애가 생겼어요, 없었는데. 그리고 그 촛불집회 때 갔는데, 저희 애 아빠랑 둘이 갔었거든요, 그 아빠가. 사람들이 굉장히 많았잖아요. 거기서부터 숨을 못 쉬는 거예요. 그래서 알게 된 거예요. 근데 계속 그런 상태로 지내고 있어요, 부모님들도. 또 다른 아빠도 열심히 활동하셨지만 지금은 거의 칩거하다시피 하시고, H 아버지. 그리고 다시 일을 해보려고 했지만 아무것도 기억이 나지 않는대요. 그니까는 사실 부모님들도 많이 힘들지만 내 아이가 더 힘들기 때문에 그거를 꾹꾹 누르고 참고 있는 거죠.

면담자　　생존 학생 부모들에게서 나타나는 그런 문제들이 어느 정도 파악되어 있는 상태인가요?

시우 엄마   수적으로는, 제가 알고 있는 거는 그 정도인 거 같아요. (면담자 : 다섯 명 정도?) 그렇죠. 또 형제자매까지 하면은, 형제자매들도 힘들어하는 아이들도 있는데, 그니까 구체적으로 그렇게 사례를 다 얘기를 해주지는 않으니까…. (면담자 : 더 있을 거라고 추정하시는 거네요?) 네, 그럼요. 또 저희 작은아이 같은 경우에도 그때 당시에 이제 고등학교 1학년이었거든요. 그런데 누나는 병원에 있고, 엄마, 아빠도 뭐 없고, 혼자서 집에서 자고 가고, 그리고 이제 희생 학생들 올라올 때마다 같은 성당 형이나 누나니까 혼자서 찾아갔더라고요, 장례식장을. 찾아가서 보고, 또 불안했겠죠, 굉장히. 우리 누나가 어떻게 될지 모르고, 그걸 엄마, 아빠도 힘드니까 말로 표현하지 못하고…. 그래서 그 아이 같은 경우에도 이제 1학년이었는데 그때 반에서 1등으로 들어갔어요. 근데 그때가 중간고사 시기잖아요, 딱. (면담자 : 연년생이었네요) 네. 그때 4월이 중간고사인데, 이제 그 장례식도 찾아다니고 집도 그렇고 하니까 마음을 잡지를 못한 거죠. 겉으로 내색은 안 했는데, 이제 성적을 보면 아는 거죠. 이렇게 훅 떨어져 있더라고요.

그리고 학교에서 이제 그 형제자매들을 각 학교에서 케어를, 이제 상담실을 해가지고 아이를 일대일로 만나기도 했더라고요. 그니까는 그런 상황이 있었을 때, 그러면서 이제 좀 게임을 하죠, 밤에 혼자 있고 이러니까. 거의 한 달, 두 달이 넘게 그런 생활이 있었잖아요, 누나가 병원에 있는 동안은 아빠도 물론 오시기는 하지만은. 〈비공개〉 그니까 어떻게 보면 가정이 무너지고, 그니까는 파괴되는 거죠. 겉으로 깨지지 않았을 뿐이지만 그 안에서의 고통을 다들 가지고 있어요.

그리고 또 제가 우리 무슨 행사가 있어 가지고 같이 어디를 가게 됐어요. 버스 안에서, 그런데 아이들이 밖에서는 예의 바르고 굉장히 밝고 그런데, 엄마한테 하는 걸 직접적으로 그때 본 거죠. 소리를 지르거나 화를, 그렇게 짜증 낼 일이 아닌데, 근데 엄마는 그거를 그냥 쓴웃음을 지으면서 거기서 뭐라고 할 수가 없으니까, 그렇게 하고…. 또 자다가, 아이가 남자아인데, 제대하고 와가지고 그랬다고 하더라고요, 자고 있는데, 무슨 소리가 나서 보니까, 그니까 잠결에 소리를 지른 거예요. 막 그러면서 "엄마, 나 엄마랑 같이 자면 안 돼?"냐고, 제대하고 왔는데도…. 우리가 생각할 때는 많이 컸고 좀 안정되어 있을 거라고 생각하지만 그런 일이 있고…, 또 그 전에는 이제 어떤 아이는 불을 끄면 잠을 못 자서 계속 그렇게 하고, 아이가 샤워할 때도 지켜봐야 했었고, 물이나 이런 거….

시우 같은 경우에는 고대병원에 입원해 있는 동안에 그 편의점을 한 번씩 가잖아요. 편의점을 못 들어와요. "왜?" 그랬는데, 그 구조, 그니까 아이들 밖으로 나와서 그때 헬기 뜨고 그랬잖아요. 그때, 우리는 못 듣는 그 주파수를 그 열일곱인가 열여덟 살 아이들까지는 들리는 게 있대요, "그 소리가 들린다"는 거예요. 그니까 거기에 전자제품이 있잖아요. 냉장고, 전자렌지 거기서 나오는 소리가 그 헬기 소리로 들린대요. "삐" 그 소리 있죠? 그래서 시우는 그 화면만 나오면은 이렇게 피하거든요. 근데 "지금은 안 들린다"고 해요. 그때는, 그때 병원에 있었을 때는 "엄마, 거기만 가면 그 소리가 자꾸 들린다"고….

면담자　　　그런 것들이 어머니의 경험을 통해서 알게 된 것이라는 말씀이네요. 전체적인 상황이 구체적으로 밝혀져야 한다고 생각합니다만, 지금 어머니의 증언만으로도 중요한 의미가 있다고 생각됩니다. 생존 학생 개인의 어려움, 부모님들의 어려움, 가정 차원에서의 다양한 어려움들에 대해 국가적·사회적 케어가 중요하리라고 보여집니다. 의료기관에서의 주기적 검사는 아이들에게만 제한적으로 이뤄지고 있는 상태인가 보죠?

시우 엄마　　　아니에요. (면담자 : 가족 전체가 대상입니까?) 네. 되어 있는데…. (면담자 : 코호트 조사는 지금 어떻게 진행되고 있습니까?) 그거는 부모들, 형제자매는 그냥 고대병원에서 하고요. 그런 문진표가 있어요, 그 심리[조사를 위한]. (면담자 : 정해진 날 통원해서 검사를 받는 거네요?) 네, 가서. 그리고 건강검진을 같이 해줘요, 신체검진을. 근데 이제 그 문진표는 워낙 기니까 집으로 배송이 되죠. 그럼 그걸 해서 내면은 거기서 이제 건강검진 하기 전에 거기 선생님 잠깐 뵙고, 가서 심전도인가 뭐 이런 걸 잠깐 해요, 그리고 나머지는 건강검진으로 이루어지고. 그 심리검사 표를 나중에 이제 분석을 하시는 거죠.

　　근데 생존 학생들은 김은지 선생님이 하세요. 근데 거기도 다 하는 게 아니에요. 그니까 지금 온마음센터도 마찬가지지만, 온마음센터 전체 이용률이 한 40프로 정도 된다고 하거든요. 그리고 온마음센터에서 아예 연락이 안 되는 가정들도 있어요, 전체를 놓고 봤을 때. 근데 저희도, 그 자체를 거부하는 사람들이 있는 거죠, 집에서 나오지를 않고. 요번에 이제 유가족 두 분이 그런 안 좋은 선택을 하셨잖아요, 그래서 온마음도 많이 긴장하고 저희도 마찬가지고. 그래서 연락이 안 되는 가족들은 저희 회원조직사업부하고 같이해서 이제 방문을 해보기로 했어요. 그리고 가까운 가정이 있으시면 이제 그분들 해서 같이 가고, 그렇지 않을 경우는 저희가 같이 동행해서 더 적극적으로 좀 들여다보자고 그렇게 하고 있는 중이죠.

면담자　　　성호 아빠가 언제까지 심리생계분과장을 맡고 계셨죠? 16년이었던가요?

시우 엄마　　　15, 16? 네, 16년까지 하셨어요, 말까지, 저희 총회 할 때까지. 그니까 2017년부터는 재욱 어머니가. (면담자 : 분과장이 바뀌면서 뭔가 일의 내용이나 방식이나 좀 바뀐 부분이 있었습니까?) 기존에, 그 기본[적으로] 해야 되는 틀은 같기 때문에 그렇게 하죠. 근데 이제 점점 더 체계적이 좀 되어가죠. 왜냐면은 사참위[사회적참사특별조사위원회]가 생기면서 특조위 거기 회의가 정례적으로 되었어요. 그래서 2주에 한 번씩은 서울에 가서 회의에 참석을 하고 같이 공유하고 모든 사항을…. (면담자 : 사참위 회의에서는 주로 어떤 논의를 하셔요?) 전반적인 거를 다 하긴 하는데, 이제 저희는 4소위하고 하거든요. 지원소위 회의이기 때문에 뭐 심리적인 거 아니면 뭐 트라우마센터나 여러 가지 진행 상황들을 같이 해요. 그리고 거기 이제 추모사업부도 같이 들어와서 하기 때문에 생명안전공원 그런 것들…, 대략적인 것들은 같이 저희가 이제 사참위에서 "이런 일정들이 있었다"고 보고해 주시면, 그리고 같이 논의 안건, 뭐 용역 건들 있잖아요. 그런 것도 같이 참석하고, 어떻게 진행되었는지 용역 보고 이런 것도 듣고 결과도 같이 공유하고…. 그니까 용역 보고회 할 때 이제 저희가 이런 부분, 이런 부분, 이런 부분, 이제 저희 얘기를 많이 경청하시죠.

면담자　　가협 심리생계분과 팀장은 성호 아빠 있을 때 맡아서 하시기 시작한 거였나요?

시우 엄마　　아니요, 재욱 어머니 계시고, 18년부터 그랬던 거 같아요. 왜냐면 17년도에는 제가 이제 엄마 때문에 활동을 거의 못 했기 때문에, 회의가 있을 때만, 가협에서 있는 회의만 참석을 했었어요. 그리고 활동도 가까운 데, 안산에서 있는 거만 참석을 하게 됐는데, 이제 18년도부터는 모두 다, 그 팀에 계시는 분들은 팀장이라는 그런 직함을 똑같이 줬죠. (면담자 : 누구누구 계셨어요?) 건우, 큰 건우 어머니, 차웅 어머니, 저, 회원조직사업부[에] 이렇게 셋.

면담자　　심리생계분과의 업무 내용이 이제 상당히 체계화되었군요. 어머니는 그럼 일주일에 몇 번 정도 가협에 나가셨습니까?

시우 엄마　　일주일에 두세 번은 나갔죠.

면담자　　회의를 제외하고는 주로 무슨 일을 하시게 될까요?

시우 엄마　　회의를 제외하고 제가, 이제 그 어머님들이 공통적으로 '꽃마중[세월호 가족 꽃누르미 동아리]'을 하고 계세요, 꽃누르미, 압화팀. 그래서 저도 하게 됐어요. 그래서 또 압화에 (면담자 : 공방에서?) 아니요. 그거는 저기[장소]가 온마음센터에서 해요. 그니까 초기부터 이루어졌었는데, 이제 그냥 참여해서 만드신 분들이 계시고, 이분들은 자격증도 따시고, 이제 그 팀을 계속 유지해 나가시는데 저를 끼워주신 거죠. 그래 가지고 일주일에 한 번씩은 늘 금요일마다는 모여서 압화를 해요. 그래서 거기서 또 목걸이 같은 것도, (목에 찬 목걸이를 보여주면서) 이것도 만든 거거든요. 이런 것도 해서 나눔도 하고, 또 무슨 이제 뭐죠? '엄마랑 함께하장' 이런 데서는 판매도 하고, 그런 거 준비도 같이하고, 그래서 함께하는 시간이 되게 많아졌죠. 그리고 이제 트라우마센터 그런 거 준비하느라고, 뭐 이렇게 방문 같은 거, 다른 지역에 잘되고 있는 곳들, 그런 분들 만나기도 하고, 온마음센터 회의도 있고…. 이제 회의가 많아졌죠. 온마음센터하고도 정례적으로 한 달에 한 번씩은 소통 회의를 하고, 그다음에 저희 팀에서도 회의도 굉장히 많았던 거 같아요.

면담자　컴퓨터로 작업해야 하는 일 같은 것도 어머니가 같이 돕고 계셔요?

시우 엄마　저는 그런 일[을 하지는 않고], 우리는 부서장이 다 해요, 부서장이. 그래서 (면담자 : 팀원들은 주로 논의에 참여하고 문서 정리 같은 건 부서장이 직접 하는군요?) 네, 그렇죠. 같이 가서 이야기를 들어주고, 또 이제 혼자서 결정하는 게 아니라 다 같이 모여서 머리 맞대고 하는 경우들이 많고, 또 이제 바쁠 때는 또 나뉘어서 회의에 참석하기도 하고…. 근데 많은 거는, 주로 부서장이 굉장히 많은 걸 소화했죠.

면담자　재욱 엄마는 언제까지 심리생계분과장을 하셨었죠?

시우 엄마   작년 9월, 작년 말. 올해, 올해 총회 때 이제 바뀐 거 예요. (면담자 : 누구로?) 상준 어머니. (면담자 : 상준 엄마가 맡으시고 뭐가 좀 바뀌었어요?) 아니요, 그런 건 없어요. 근데 조금 더 새롭고, 이번에는 이제 "회원조직부서라는 이름에 걸맞게 회원들을 잘 꾸려가 보자, 더 건강하게", 그렇게 하고, 하나는 크게 그렇게 하나 하고, 또 하나는 이제 "트라우마센터를 만드는 데 주력을 하자".

면담자   온마음센터를 확대·발전시키는 그런 구상인가요?

시우 엄마   흡수하는 거죠. (면담자 : 아, 그럼 국립트라우마센터에 대한 논의가 꽤 구체화되었군요?) 네, 그래서 용역도 이제 끝났고요. 그 거는 재작년부터 이루어졌던 거라서 그렇게…. (면담자 : 그럼 계획으로는 언제 설립 완료되는 것으로 되어 있습니까?) 2024년까지는 했으면 해요, 그보다 더 빨리를 원하고 있지만, 일단.

면담자   기능은 어떻게 하고, 구성원은 어떻게 하고, 또 건물은 어떻게 하고 하는 것들이 대체로 결정이 되어 있습니까?

시우 엄마   일단 건물도 용역까지는 다 나와 있어요, 그니까 대략의 모델, '이런 식으로 했으면 어떨까?' [하는 차원이고요]. 그리고 (면담자 : 위치는?) 위치가 아직 정해지지 않아서….

면담자   아, 위치는 아직 정해지지 않은 상태군요. 그런 게 참 어렵더라고요, 생명안전공원도 그것 때문에 고생을 했고…. 그럼 그건 국무조정실의 보상지원위원회에서 결정을 하는 건가요?

시우 엄마   보건복지부하고 같이 해야 돼서, 그리고 안산시도 또 있고…. (면담자 : 후보지는 있나 보죠?) 한 군데밖에 없어서요, 지금. 안산시에서 땅을 주는 게 아니라 이걸 사가라고 제안하는 곳이 있어요. 근데 아직 저희 가족들이 다, 뭐 이게 확정을 한 게 아니고, 다른 가족분들은 아직 잘 모르세요. 그래서 지금 진행 중인 거죠. (면담자 : 그런 논의에 어머니는 같이 참석을 하고 계신 거고?) 네. 근데 지금 이제 회원조직사업부는 기존에 계시던 분들이 다 안 계시고 저만 남은 상태인 거예요, 기존 멤버는. 그래서 상준 어머니하고 저하고 그리고 웅기 어머니, 이렇게.

면담자 웅기 엄마가 새로 들어가셨군요. 웅기 어머니는 안산으로 완전히 이사를 하셨나 봐요.

시우 엄마 네. 그래서 (면담자 : 웅기 엄마도 가톨릭이시니까 두 분이 잘 맞으시겠네) 네. 그니까 저는 제가 봐도 진짜 인복이 있는 거 같아요. 다 보면, 다 오히려 저를 챙겨주시고 처음부터 그랬던 거 같아요. 이렇게 하게 하고, 얘기할 자리를 만들어주시고…. (면담자 : 엄마들 안에서 어머님 나이가 좀 위이신 편이기도 하고) 제가 웬만하면 언니더라고요(웃음). (면담자 : 웅기 엄마가 동생이에요?) 아니요, 웅기 어머님이 언니시죠.

면담자 이제 다른 굵직굵직한 사건들에 대한 어머니의 소회를 간단하게 들어보려고 합니다. 우선 인양인데요, 인양 결정도 늦었지만, 상하이샐비지가 맡아서 인양 작업을 시작하고 나서부터 그 상황을 바라보면서 어머니는 어떤 느낌이셨어요?

시우 엄마 너무 답답했죠, 인양을 하긴 할 건지, 제대로 하긴 할 건지…. 정말 그 안에서 이렇게 다 구멍 뚫을 때마다, "어딜 뚫는다"고 할 때마다 너무 겁나고 걱정되고…. (면담자 : 인양과 관련된 정보는 주로 어떻게 얻으셨습니까?) 가족회의[를] 하니깐요. 전체 회의할 때 그때 브리핑을 다 해주시죠. (면담자 : 아, 회의 때 정보 공유가 되겠군요. 생존 학생 부모끼리의 텔레그램 채팅방 같은 건 없습니까?) 텔방이 아니고 저희는 카[카오]톡, 카톡이 있고, [네이버]밴드가 있고. (면담자 : 소식 전하는 사람은 주로 누구셔요? 소희 아빠나 시우 어머니?) 애진 아버지하고 셋이서. 저는 이제 심리생계, 회원조직 부서에 관련된 거는 제가 올리고, 이제 전체 공지 같은 거는 소희 아버지가 올리시고.

면담자   인양 때 동거차도에 올라가서 상하이샐비지 작업하는 걸 감시했잖습니까? 유가족들은 10개 반이 돌아가면서 동거차도를 지키고 했는데, 11반 생존 학생 부모들도 같이 참여하셨습니까?

시우 엄마   안 했죠, 못 했죠. 저희 부모님들은 다 직장을 다니세요. 저하고 도연 아버지하고 소희, 애진네 빼고는 전부 다 직장을 다니세요. 그래서 저희는 회의를 해도 또 다 직장에 맞춰야 되니까, 또 퇴근 시간이 다 일정하지가 않은 거예요. 그래서 그런 것들도 좀 어려움이 있었고, 그리고 사실 유가족분들 앞에 나타나는 거를 좀 조심스러워해요, 아직도 굉장히. (면담자 : 동거차도 들어가기가 만만치 않은데, 소희 아빠하고 애진 아빠하고는 꽤 들어가는 거 같더라고요) 저희 대신 진짜 열 몫 하는 거죠.

면담자   2016년 겨울, 촛불시위 이야기로 넘어가겠습니다. 그 태블릿 PC 이야기 나오고, 국정농단의 실태가 밝혀지기 시작하면서 엄청난 시민들이 거리로 쏟아져 나왔잖아요? 그거 보시고 어떠셨어요?

시우 엄마   너무 기뻤죠, 저는. (면담자 : 드디어 얘들이 망하는구나…) 네, 정말 기뻤어요. "하느님 감사합니다" 했어요. (면담자 : 정권이 넘어갈 거 같은 생각이 드시니까 더 그러셨겠네요) 기뻤어요. 그런 게 밝혀져서 기뻤고, 너무, 너무너무 잘됐고 좀 (잠시 침묵) 그렇죠.

면담자   특조위 3차 청문회가 2016년 8월 말이었어요. 그러니까 2016년은 정말 답답한 시절이었던 거죠. 인양도 그렇고 아무것도 제대로 진행되는 것이 없는 시기…. 그러다가 그해 겨울에….

시우 엄마   정말 말할 수 없었죠, 네. 그리고 왜 이렇게 한 발을 내딛기가 힘든 건지 모르겠어요. 한 발을 간 것인가 싶으면 다시 뒤로 끌려가야 되고, 그 한 발을 내딛기까지 과정이 사실은 별것도 아니었는데, 왜 이렇게 잡아당기는 사람들이 많고 못 가게 하는지가 이해가 안 되고 너무 답답하죠. 지금도 답답해요. 근데 그래서…. (면담자 : 그런 답답한 상황에서 국정농단 사실이 밝혀지면서 뭔가 새로운 가능성이 열릴 것 같은 기대를 가질 수 있게 된 거죠) 그렇죠, 네. 어쨌건 '이제 조금 진상 규명이 되지 않을까? 분명히 저기서 밝혀줄 수 있을 것 같다', 그런 기대감 같은 거 있었죠.

면담자   촛불시위 때는 참석하실 수 있었어요? 그때가 아직 어머니 병 수발 때문에 움직이기 어려운 시기였던 것 같은데….

시우 엄마   시위 때는 참석했는데요. 그때도 저는 이제 막, 그때 적극적으로, 제가 2015년 하반기부터 2017년까지는 활동을 크게 못했잖아요, 계속 제가 엄마를 모시고 있었기 때문에. 그니까는 저도 그런 게 있었어요. 이렇게 유가족분들 계신 데 같이 가도 되는데, '어, 내가 가도 되나?' 사실 그런 마음도 많았어요. 그래서 따로 갔어요, 전철 타고. (면담자 : 일반 시민의 한 사람으로서 촛불집회에 참여하신 거네요) 그렇죠. 그리고 앞에서, TV에서 우리 유가족들 나오고 이러면은 막 집에서 박수 치고, "저거 봐. 저거 봐" 그러고, 유튜브로 보기도 하고…. (면담자 : 촛불집회에서 유가족들은 항상 최전방에 섰었죠) 정말 눈물 나요, 그냥 되게 마음이 뭉클하고요. '너무 대단하다'. 저도 마음은 함께이지만 또 그 자리에 있지 못해서 미안한 것도 있고, 그들이 '너무 대단하다'는 생각이 들고….

면담자　　　청와대 앞까지 시위대가 진입에 성공한 때가 있었잖아요. 그때는 혹시 그 자리에 같이 계셨습니까?

시우 엄마　　　안 갔어요. (면담자 : 유가족들이 14, 15, 16년 3년을 시도를 해도 못 가던 청와대 앞이었는데) 그렇죠. 그럴 때 되게 미안한 마음이 많이 들었어요. 근데 어… (잠시 침묵) 지금도 사실 '내가 그런 자리마다 다 있었으면 더 좋았을 텐데' 그런 생각이 들어요. 근데 또 그때는 상황이 어쩔 수 없었기 때문에…, 이제 잠깐 나갔다 오는 건 괜찮아요, 한두 시간은. 그 외에, 그보다 길게는 집을 비울 수가 없었기 때문에 굉장히 답답하고 많이 힘들었죠. 그래서 그때는 오히려 저는 굉장히 많이 우울했었던 거 같아요.

면담자　　　어머니를 병원으로 모시고 갔던 때가 언제라고 하셨죠?

시우 엄마　　　　17년 11월에. 근데 그러고도 12월에는 수술을 하셨어야 됐고, 요양원이라는 곳은 계속 보호자가 다녀야 되더라고요. 모시고 병원 갈 때마다 너무 힘들었고, 또 휠체어를 동원을 해가지고, 엄마 혼자서 못 움직이시니까 혼자서는 또 못 가는 거예요. 그래서 이제 아는 지인분하고 같이 가서 그렇게 하다가, 이제 작년에 엄마가 폐렴이 와가지고 요양병원으로 가셨어요. 근데 병원은, 요양병원에 돈이 많이 들어서 그렇지, 모든 걸 거기서 다 해주시더라고요. 지금 코로나 때문에 엄마 못 뵌 지 두 달이 넘었어요, 면회 금지라.

면담자　　　　요양병원으로 모시고 2018년부터는 보다 적극적으로 활동이 가능하셨던 거네요. 그때는 이미 정권이 바뀐 이후인데, 가족협의회 회원조직분과 팀장으로서 활동하시면서 현 정권에 대해서는 어떤 느낌이 드셨을까요? 좀 많은 문제들이 풀려가기 시작했나요?

시우 엄마　　　　저는 2024년이면 이제 그 지원이 끝나잖아요, 그 후가 너무 걱정이 되는 거죠. 그 부분에 있어서 계속해서 (잠시 침묵) 싸우면서 그걸 늘려가야 하는 건지…, 그거 되게 고단하고 지리[루]한 작업이잖아요. 그리고 이제 '아이들이, 당사자들이 직접 그렇게 하는 건 너무 가혹하다'는 생각이 들어요. 그리고 형제자매들도 굉장히 안 좋더라고요. (면담자 : 생존 학생들 형제자매요?) 유가족 형제자매. 유가족 형제자매 아이들도 그니깐 움츠러들어 있고, 밖으로 나오려고 하지 않는 아이들도 많고, 엄마, 아빠가 더 힘든 걸 아니까 애들이 내색을 하지 않고, 그게 마음의 병이 된 거 같아요. 그니까 그런 부분들을 어떻게 해야 하는 건지, 개개인이 감당을 하라고 하기에는 그런 거잖아요. 그래서, 그러면 이제 특조위도 또 끝나가고, 사참위도 올해까지만이잖아요. 그래서 그걸 어떻게 풀어가야 될지 사실 너무 걱정이 되죠.

면담자 생존 학생들은 최근 와서 뭔가 좀 변화 같은 것이 감지되나요?

시우 엄마 크게는 못 느끼겠어요. 근데 이제 아이들이 이제 [대학] 졸업을 했잖아요. 졸업을 한 아이들도 많아요. 이제부터 시작인데 직장생활을, 그냥 보통 사람들 누구나 다 힘들잖아요. 쉽지 않죠. 근데 (잠시 침묵) 그게 그렇게, 거기서도 사람들하고 부딪치고 혹시라도, 그 [생존 학생이라는] 거를 아직도 아예 모르는 애들도 있어요. 대학에서 만난 친구들부터는 그걸 얘기 안 해가지고 그거를 모르는 아이들도 있거든요. 그거를 마음속에 이렇게 품고 사는 것도 힘들 것 같아요. 그리고 또 뭐 군대 가서 제대로 제대하지 못하고 의가사[제대]한 아이도 있고…. 그러면서 이제 직장을 다니긴 했는데 적응 못 해가지고 또 그만두기도 하고…. 지켜봐야 되겠지만, 이제 그럴려면 가족 구성원들이 다 건강해야 되는 거잖아요. 엄마, 아빠가 그 아이들의 기둥 역할을 잘 해줘야 되고, 아이 스스로도 참고 견디는 시간들, 또 그걸 좀 풀어내는 시간들을 가져야 되는데…, 그니까는 '그래서 트라우마센터가 중요하다'는 생각이 들어요.

온마음센터에서도 지금도 잘하고 계시긴 하지만 이게 온마음센터는 한계가 있어요. 그니까 적극적으로 그런 일이 생겼을 때 뭐 연계해 주고 이런 것도 있지만, 트라우마센터 안에서는 치료나 이런 것들이 다 가능하기 때문에, 그게 원스톱으로 이렇게 쫙 되어지는 거잖아요. 그리고 내가 세월호 [피해자]인 거를 굳이 밝히지 않아도 되고. 온마음센터는 그 정신적인 거에 대해서만 관여를 할 수가 있고, 그 부분도 의사 선생님들이 늘 내가 원하는 시간에 그렇게 만날 수 있는 것도 아니고, 토요일, 일요일이나 뭐 그건 병원도 마찬가지긴 하겠지만…, 좀 여러 가지 제약이 많아요. 이제 그런 부분에 대해서 원활하게 되어질 수 있도록, 그리고 내가 힘이 들면 언제든지 그렇게 찾아갈 수 있는, 그리고 쭉, 이렇게 한정 지어지지 않고…. 근데 사실 내가 돈이 없어서 병원에 못 가는 것도 엄청 슬프고 힘든 일이잖아요. 근데 이거는 내가 원하지 않은, (잠시 침묵) 뭐 내가 뜻하지 않고, 의도하지 않고, 원하지 않았던 일로 인해서 이렇게 된 거잖아요. 그것도 내가 믿고 의지했던 나라가 나를 구하지 않아서 그런 상황을 만든 거니까, 그 [트라우마센터를 설립하는] 거는 저는 '반드시 되어져야 된다'고 생각이 들어요.

면담자   내일모레면 6주기인데, 코로나19로 인해 여러 제약이 있기는 하지만, '메모리아' 아이들의 6주기 활동 계획 같은 게 뭐 나왔습니까?

시우 엄마   네, 이미 나왔어요. 어제 시우가 가지고 왔더라고요. 근데 안 보여주더라고요(웃음). (면담자 : 뭘 할지는 나중에 공개한다? (웃음)) 근데 엽서, 제가 이제 대충 보긴 했었어요, 시우 거를. 근데 이제 완성품을 보여주지는 않았는데, 보통 아이들이 엽서하고 스티

커, 이런 걸 많이 만들거든요. 이렇게 해서 포장을 해가지고 시민들하고 나눔을 할 거예요.

면담자 시민들과의 그런 방식의 만남이 아이들 나름대로의 애도의 방식인 거네요.

시우 엄마 네. 그 아이들한테는 그 시간이 되게 중요하고 소중하고 그런 시간일 거 같아요. 그니까는 그걸 구상하고 하나하나 만들어낼 때마다 정말 친구들을 생각하잖아요. 그렇게 하면서 내 친구들을 위해서, '누구야' [하고] 내 친한 친구를 생각하면서 그런 작업들을 할 거 같아요.

6
세월호 참사 이후 정치와 시민사회 운동에 대한 관심

면담자 4·16 참사 이전에 선거는 하시는 편이셨어요?

시우 엄마 네, 전 언제나 했어요. (면담자 : 비판적인 입장이셨어요, 보수적인 입장이셨어요?) 저는 좀 중도에 가까워요. 그니까 뭐든지 저는 약간 그런 스타일인 거 같아요. 뭐든지 이렇게 치우침이 별로 없고, 사실 그 상태가 저는 편안하고 좋거든요. 근데 이게 뭔가를 결정을 하려면 확실하게 제가 알아야 되잖아요. 근데 이제 어떤 때는 그런 과정이 너무 귀찮고 힘들고 그러니까, 그냥 '이것도 맞고, 저것도 맞아', 사실 그런 편이에요. 그게 꼭 좋은 건 아닌데, 그렇게, 주로 그렇게 하더라고요, 제가. 근데 애진 엄마는 저한테 평화주의자라고 말을 해주는데, (웃으며) 그게 평화주의자라서 그런 건 아니고요. 그니까는 분란이 나고 이런 것도 싫고요. 그니까 저는 진짜 다 평화로 웠으면 좋겠어요.

면담자   4·16 참사 이후에 정치적 입장의 변화는 없으셨다고 보면 맞을까요, 그러면?

시우 엄마   크게 변화는 없어요. 그니까 저는 그 전에 지지하던 당이나 지금 지지하는 당이나 같아요, 그거는. 근데 제가 이제 4·16 전에는 별로 정치에 크게 관심이 없었는데, 되게 정치에 관심을 많이 가지게 됐거든요. 뉴스도 정말 돌려가면서 다 보고, 막 그랬어요. 평론 그런 것도 다 보면서 저도 막 평론을 하기 시작하고, (웃으며) 욕을, 욕이 많이 늘고 그랬는데, 보니까 그냥 'DNA가 다른 거 같다'는 생각이 들어요. 그런 사람들이 그쪽에 많이 몰려 있더라고요.

면담자   보수적 입장에 있는 사람들이 생각뿐만 아니라 뭔가 근본적으로 다르다는 느낌을 받으셨다는 그런 말씀이신 것 같습니다.

시우 엄마   근데 저는 '거기다 보수, 진보를 갖다 붙이는 게 말이 안 된다'고 생각해요. 그거는 보수, 진보의 문제가 아니더라고요. 그냥 나누기 쉽게 보수, 진보라고 그냥 틀을, 프레임을 딱 씌워버린 것 뿐이지 그 사람들이 또 다 보수적인 성향은 아니에요. 또 진보라고 하는 사람들이 또 다 진보적인 성향도 아닌 거예요. 거기서부터 저는 어폐가 있다고 생각하고요. 그거는 보수와 진보의 문제가 아니라 그냥 그 당 이름으로 말하는 게 맞고, 그리고 그들도 자기들 이익을 위해서 그냥 그 당을 선택해서 그렇게 들어가서 하는 것뿐이지, 정말 정치적 철학이 막 훌륭하고…. 근데 '우리나라 정치 문화가 이미 그렇게 너무 뿌리 있게 자리를 잡았기 때문에, 나 혼자로서는 안 되기 때문에 그냥 어딘가에 적을 둔다'는 생각이 들어요.

근데 '정말 훌륭한 사람들이 정치를 해야 된다'고 생각해요, 법관도 마찬가지고. (면담자 : 지금은 잘하고 있다고 보시나요?) 아니죠, 잘하고 있지 않은데, 좀 잘하게 [하려고 애쓰는 거죠]. 국민들이 조금 더 똑똑해지는 거 같아요. 그래서 '더 변화되지 않을까?' 그걸 기대해요. 저도 그렇게 변화하게끔 눈을 크게 뜨고 지켜보고, '조용히 있는 게, 가만히 있는 거는 정말 바보 같은 짓'이라는 생각이 들어요. 민주주의의 꽃이라고 하잖아요. 그게 왜 그런지를 이제 알 것 같아요.

면담자　　　참사 전에 시민사회 활동가 같은 분들을 만난 적이 혹시 있으신지요?

시우 엄마　　　없어요. (면담자 : 그럼 참사 이후에 처음으로) 그렇게 많은 사람이 있다는 걸 알고 놀랐어요. '나 왜 몰랐지?' 그리고 '와…', 그런 분들을 좀 동경하게 됐어요. '아, 이렇게 자기들의 생각을 가지고 내가, 내가 있는 자리에서 그런 것들을 적극적으로 표현하고 세상을 바꾸는 데 일조하는 사람들이 저렇게 있구나'. 저는 다 직장생활은 어디 회사나 뭔가 이렇게 만들어내거나 뭐를…, 근데 이것도 눈에 보이지는 않지만 뭔가를 만들어내는 일이잖아요, 정말 중요한. 그런 걸 알고 굉장히 놀랐어요. 그리고 이렇게 저한테, 제가 이렇게 세월호 일을 하게 영향을 미친 분들이 계신데, 그런 분들이에요. 광화문에서 1주기 때, 광화문에서 이렇게 1주기 즈음해서 다 모여가지고 그때 이제 시우도 데리고 가고, 가족들이 갔었거든요. 그때 그 시민들 눈빛을 잊을 수가 없어요. 그분들이 저를, 어떻게 보면은, 여기 있게 한 게 아닌가 싶어요. '그동안 너는 뭐 했니?' 막 저 같으면 제가 이렇게 당사자가 아니었으면 저는 TV에서, 집에서 TV로 보고 그게 다였을 것 같아요. 되게 부끄러웠어요.

그리고 저는 [19]80년대 학번이니까 그때 80년대 엄청 뜨거웠잖아요. 그때도 제 친구도 데모하러 가고 그러면 '쟤는 저걸 왜 하지?' 그런 생각이 들었었어요. 그리고 막 최루탄 [쏘고] 하면은 그냥 괴로워만 했지, 그 안에 막 그 피, 땀 이런 거를 전혀 몰랐었어요. 근데 이제 그런 거까지 다시 지금 생각이 들더라고요. 그러면서 약간의 그, 우리 세대들이 가지고 있는 약간 부채 의식 같은 것들이 있잖아요. 그러니까 '아, 그때 내가 그렇게 하지 않아서 세상이 아직도 이렇게 있었던 거구나. 내가 깨어 있지 못했구나. 그냥 나는 나만 바라보고, 너무 좁은 울타리 안에 나를 집어넣고 그 안에서 그것만 가지고 살았구나'. 그게 꼭 나쁘고 잘못된 건 아니죠. 왜냐면 각자의 자리에서 각자가 맡은 일을 성실하게 해나가는 것도 굉장히 중요한 거니깐요. 근데 '그게 맞다'고 생각했었어요. 그리고 '저거는 내 일이 아니고 다른 사람이, 또 하는 사람이 정해져 있는 거'라고 생각했었는데, '그게 누구나 할 수 있었고 나도 조금 더 이렇게 귀를 열고 그랬어야 했구나' [하는 걸 알게 되었어요].

면담자   지금의 어머니가 있게 한 데 영향을 미친 분들이 또 계실 것 같아요. 에피소드나 장면이나 사람이나 모두 좋으니 이어서 말씀해 주시면 좋겠습니다.

시우 엄마   저는 애진 아버지예요. 가장 큰 영향을 미친 사람은
애진 아버지예요. 그렇게, 처음부터 지금까지 오는 동안에 우리 생
존 가족들이 이렇게까지 올 수 있었던 것은 정말 애진 아버지 영향
이라고 생각해요. 그리고 '가족협의회에도 애진 아버지가 정말 많은
도움이 됐다'고 생각해요. 그니까 우리랑은 또 좀 다른 생활을 했었
잖아요. 그랬기 때문에 이렇게, 어떻게, 어떻게 해야 된다는 것도 잘
알고 있었고, 미리 예측할 수 있었고, 그래서 그 부분에 대해서 굉장
히 고맙게 생각을 해요.

그니까 저는 되게 그래서, 그런 생각을 할 수 있었던 거 같아요.
'아, 나도 되게 모르지만, 나도 조금 해보고 [싶다]', 그니까 지금 가협
에서 있는 게 그런 영향으로 있지 않을까 [싶어요]. '난 되게 용기도
없고 겁도 많은 사람인데, 저렇게 하고 있네?' 근데 하는 걸 보니까
'어, 정말 우리에게 필요한 일이구나'. 그니까 좀 영향을 받고, 힘을
받는 거죠. 그 애진 엄마도 그렇게 같이하고…. 사실 (잠시 침묵) '애
진이네가 아니었으면 이렇게 할 수 있었을까?' 싶어요.

7
세월호 참사 이후의 신앙심

면담자   어머니의 종교적 삶에 대해 여쭈려고 합니다. 참사 이
전과 이후의 변화? 성당 나가시는 방식이나 아니면 하느님에 대한
생각 등에서 뭔가 변화한 것이 있으신지요?

시우 엄마   크게 바뀐 거는 잘 모르겠어요, 제 입장에서는. (잠시 침묵) 그런데 시간이 지나면서 조금씩 느껴지는 게, 그 하느님이나 종교와 상관없이 세월호는 또 다른 별개의 문제라는 걸 느껴요. 그니까는 2년쯤 전에 저희가 이제 성당에서, 교구에서 교육이 있어 가지고 제가 이제 어르신들을 모시고 같이 갔었어요. 반장, 구역장 교육이었는데, 끝나고 나서 제 차를 타고 다 같이 오시는데 차 안에서 어떤 한 분이 그러시는 거예요, 뒤에서. "나는" 그 화랑유원지를 보면서, "거기에 그런 거 오는 거는 말할 것도 없거니와 그 사람들이 거기에 모여 있는 거 자체도 싫다"고 이렇게 얘기를 하는 거예요. 그제가 이제 '생존 가족이니까 또 다르다'고 생각했겠죠. 제가 세월호 일을 하고 있는 걸 잘 모르시고 그렇게 얘기를 하시니까 옆에서 다 같이 기다렸다는 듯이 "그래, 맞아". 그러니까 "그 사람들이 거기서 해마다 이렇게 추모, 기억식 하는 거 자체도 싫다"는 거예요. 그런 것도 안 했으면 좋겠대요. 모든 걸 다 깡그리 잊어버리고 싶다는 듯이 얘기하더라고요.

그리고 이제 제 옆에는 저희 어머니 또래, 80대 어머니가 그러시더라고요. "옛날에는 나라님이 죽어도 마당에다가 안 묻었다"는 거예요. 그렇게 말씀하시면서 "내가 그 사람들을 위해서 얼마나 울어줬는데, 내가 그렇게 울고불고 그렇게 같이 아파했는데 우리 뒤통수를 쳤다"고 이렇게 표현을 하시더라고요, 그런 뉘앙스로. 그렇게 말씀해서 저는 정말 그때부터 가슴이 너무너무 뛰고요. '이거 뭐라고 말을 할까? 그냥 말하지 말까?' 근데 참아지지가 않았어요. 그래서 제가 그랬어요. "어머니, 저는 그렇게 생각하지 않아요. 그 아이들은 여기서 나고 자란 아이들"이라고, 그리고 "그게 그 유원지를 다 쓰는 것도 아니고, 그 조그만 곳에, 그 아이들 놀던 곳에, 내 고향에 내 아이들하고 같이 자라던 곳에", "어머니 손녀딸이 거기에서 그렇게 됐어도 그렇게 하지 않으시겠어요?" 그랬더니 "난 안 그래" 막 그러시더라고요. 정말 크게 싸울 뻔했는데, 제가 그냥 그 정도만 얘기하고 말았거든요. 근데 그다음부터는 제 앞에서 얘기 안 하시죠. 아무도 얘기 안 하세요.

그리고 성당 식구들은 이제 제가 그런 줄 아니까 저한테 개인적으로 물어보시는 분 계셨어요. 생명안전공원이 대두됐을 때 "그게 어떻게 되는 거냐?"고, "왜 거기다가 그 납골당을 만들려고 하냐?"는 거예요. "우리가 기존에 알던 그런 시설이 아니다. 이걸로 인해서 안산이 얼마나 좋아질지를 기대하셔도 좋다. 내가 정말 장담한다" 그렇게 얘기했어요. 그 '기존에 알던 그런 납골당식'이라는 그런 생각을 하신 거예요, 그렇게 딱딱 네모나게, 네모나게. 그래서 그거 아니라고 그랬더니, "그래? 그런 거 아니었어?" 그렇게 얘기하시더라고요. 그래서 "혹시 누가 물어보시면 그렇게 얘기해 주셔라" [했지요]. 그리고 이제 주변에 제가 개인적으로 저한테 물어보는 분들이 있으면 얘기를 하죠. 근데 성당 식구들이 그렇게 얘기할 때 저도 그래서 사실 피해요(웃음). 피해지고, 왜냐면은 그거는, 그분들은 제가 설명을 한다고 해서 그거를 그렇게 받아들이실 분이 아니고요, 그런 걸 아니까. 근데 이제 신부님하고 한 번 잠깐 그냥 스쳐가듯이 그런 얘기를 한 적이 있었어요, "이렇게 성당에서 어른들이 그런 얘기를 하시더라". 이제 그렇게만 얘기를 했었고, 미사만 갔다가 오고 (잠시 침묵) 그냥 기도를 하죠. 기도를 해요.

그리고 이제 그게, 그 플래카드가, 저희는 그 화랑유원지 건너편에 바로 그 빌라니까, 까만색으로 막 '납골당' 그런 거 붙어 있었거든요. 시우가 볼까 봐 진짜 걱정 많이 했었어요. 그리고 이제 결국 애가 보기는 했는데, 의외로 아이가 제 걱정을 해서 그런 거 같아요. 담담하게 "엄마, 뭐 생각이 다르니까. 그렇게 생각하는 사람도 있을 수도 있겠죠". 그런데 이제 본격적으로 트럭에 방송을 하고 다니는 사람도 있었어요. 그때는 방에서 뛰쳐나오더라고요. 그래서 "아니야. 걱정하지 마, 시우야. 아주 잘 지어질 거고, 그러면 저 사람들 분명히 후회할 거"라고 [했어요]. 그게 저는 꼭 그렇게 얘기했던 사람들 후회하게 만들고 싶어요. '아, 내가 괜히, 괜한 걱정을 했구나, 이렇게 좋은 곳이었는데. 내가 참 아이들한테 미안하다' 이런 생각을 꼭 하게 해주고 싶어요.

면담자 4·16 참사와 관련해서 하느님에 대한 마음은 어떠셨어요? 시우도 많은 어려움을 지금도 겪고 있는데….

시우 엄마 그런 거는, 저는 감사가 더 컸죠. 왜냐면 저희 아이는 그 어려운 곳에서 살아 나왔으니깐요, 감사를 많이 했고. 그때 이제 그 교황님 오셨을 때 거기를 갔었어요. 근데 그때 덕하 엄마랑 같이 갔는데, 친했거든요. 그래 가지고, 그러더라고요, "언니, 나는 하느님이 정말 계신지 모르겠어". 덕하 엄마가 신앙이 정말 깊어요. 정말 깊고, 성당에서도 활동 많이 했었고, 그런 얘기도 서로 나누고 그랬었거든요, 신앙에 대해서 체험한 거 얘기하고. 그 사람이 저렇게 말했을 때…, 근데 제가 그랬어요. "아니야, 하느님은 계셔" 그랬어요. 뭐라고 해줄 말이 없는 거예요. 그래서 이렇게 손을 잡으면서 그랬더니 "그래, 그럴까?" 그러더라고요. "그럼. 지금은 많이 고통스럽지만 하느님이 계시다는 거 너도 알고 있고…" 그냥 그렇게까지만 얘기를 했어요. 뭐라고 말을 못 하겠더라고요.

근데 이제 이렇게 모든 상황이 더디 가고, 안 되고 막 그런, 또 제가 볼 때는 너무 악한 사람들이 이렇게 있을 때, 그런 모습을 볼 때 '정말 하느님 계실까?' 이런 생각이 또 들어요. 들고, '하느님은 직무 유기시다' 이런 생각을 하게 돼요. '그리고 왜 하느님께서는 자유의지를 주셨을까? 왜 그런 사람들까지도 사랑하시지?' 근데 또 그게 또 말이 안 되는 게요, 저도 그런 사람들의 한 사람일 수 있거든요. 제 안에 악한 모습도 분명히 있을 거고, '그럴 때마다 응징을 받으면 나도 이 세상에 없겠지?' 그런 생각도 하는데, '왜 이렇게 복잡하게 놔두시는 걸까?' [싫기도 해요]. 그 아프리카에서 금방 태어난 아무 죄 없는 아이들도 굶어 죽기도 하고 병에 걸려서 죽잖아요. 그런 거 볼 때는 납득이 안 돼요. '분명히 직무 유기시다'라는 생각을 (웃으며) 하고 있어요, 요즘에는.

면담자　　그럼에도 불구하고 계속 성당에는 나가시는 거네요.

시우 엄마　　네, 왜 나가는지는 잘 모르겠어요. 그런데 그냥 그동안에 제가 신앙생활을 하면서 만난 하느님이 계시다는 걸 알기 때문에 그렇[겠]죠. 하느님께서 나를 사랑하시는 것도 알고 있고, 제가 착해서 하느님이 저를 사랑하시는 게 아니라 제가 나쁜 생각을 하거나 나쁜 행동을 하는 순간조차도 하느님께서는 사랑하신다는 걸 알기 때문에…. (잠시 침묵) 그리고 인간은 믿을 수 없는 존재이기도 하잖아요. 우리가 서로 의지하고 그렇긴 하지만 내 모든 걸 알고 계시는 분은 하느님이라는 걸 제가 아는 거 같아요(울먹임).

면담자   유가족 곁에서 이렇게 함께 활동하고 하시는 것도 그런 신앙심과 관련이 있을까요?

시우 엄마   모르겠어요, 그건. 저는 시우가 살아 왔을 때 그 생각했어요. 그때는 이제 제가 성서백주간[성경을 읽는 그룹별 모임]을 하니까 그래도 빠지지 않고 가려고 했거든요. 그러면서 묵상을 많이 하게 되잖아요. 그때 정말 많이, (잠시 침묵) 어, 하느님 만나고 그러고 나서 이제 성령 세미나를 본당 차원에서 했을 때가 있는데, 정말 그때 엄청 그랬어요. 그때 그런 생각이 들었어요. 하느님께서 우리 아이를 살리신 데는 분명히 이유가 있으실 거, 있을 거 같은 거예요. '저에게도 바라는 게, 원하는 게 있으실 거 같고, 시우한테도 뭔가 뜻이 있지 않을까?'라는 그런 생각을 하게 되더라고요. 그래서 요즘은 제가 그런 생각해요. 그냥 '하느님께서 나를 이 자리에 딱 데려다 놓으셨다'는 생각이 들어요. (잠시 침묵) '이게 인간들의 잘못으로 인해서 이런 일이 생겼지만 그거를 추슬러가고, 함께해 나가고 그거를 하느님 사랑 안에서 이렇게 잘 해나가라는 거 아니실까?' 저는 이렇게 사실 기도하고, 이렇게 회의할 때마다 저희가 그걸 먼저 하잖아요. (면담자 : 아이들에 대한 묵념) 네, 묵념을 하는데, 저는 그때마다 기도를 해요, 회의할 때도 기도를 하고. "얘들아, 아줌마가 정신이 없어서 잘 모르지만 너희들이 조금 도와주면 좋겠어. 그리고 좀 어려운 사안이 있을 때는 지금 이렇게 많이 힘든데, 너희들이 엄마, 아빠의 힘이 되면 좋겠어. 그리고 하느님이 옆에 계시면 (웃으며) 바짓가랑이를 좀 잡고 흔들어줘" 그런 기도를 해요, 거의.

면담자   마음이 힘들어서 냉담하거나 하신 적은 없으셔요?

시우 엄마   중간에 [잠시] 냉담했어요, 몇 개월(웃음). 네, 근데 그랬죠. "하느님, 저 좀 쉬고 싶다"고, "저 조금 성당에 안 나가도 괜찮지 않겠느냐?"고 그랬었죠.

8
세월호 참사 이후 가장 위안이 되었던 것

면담자   이제 시우네 가족들의 생활 이야기를 잠시 해보려 합니다. 참사 이전에는 가족 여행도 가시고, (시우 엄마 : 네, 자주는 아니지만) 시우네 가정 나름의 일상이 있으셨을 텐데요, 참사 이후에는 어떠한 변화가 있으셨는지 말씀해 주시면 좋겠습니다.

시우 엄마   가장 크게 바뀐 거는 제, 저의 생활이고요. 가족 전체로 보면은 그냥 기존에 하던 거를 하는 거 같아요. 그리고 아이 아빠는 사고 전이랑 후에 똑같이 시우한테 대해요. 전 되게 조심성을 가지고 아이한테 접근한다면, 아빠는 안 그래요. 그래서 저는 오히려 그게 되게 좋더라고요, 중심을 좀 잡을 수 있게. 그니까 어떤 때는 아빠가 모르고 그렇[게 하]기도 하지만 좀 의도적으로 그렇게 하는 것도 있어요, 똑같이 장난 걸고, 똑같이 하고….

그리고 사고 나고서, 사고 난 해가 저희 아버님, 시아버지 팔순이셨어요. 그래서 원래 가족 여행을 가기로 했었는데 이제 못 해가지고, 사고 나고서 10월 달에 저희가 제주도를 갔어요, 온 가족이 전부 다. 거기서 시우가 잠수함을 탔어요. 걔는 못 타겠는 걸, 아빠가 아무렇지 않게 "아니야, 아빠 있는데 뭘. 탈 수 있어", 이렇게 해가지고, 근데 애가 참고 탄 거예요. 아빠가 그렇게 해주시니까 그런 것도 있고, 스스로 참기도 하고, 힘들었지만…. 배도 이렇게 잠깐 타는데, 그것도 아빠가 그냥 아무렇지 않게, 저 같았으면 '할 수 있겠어? 힘들면 하지 마' 막 이렇게 전전긍긍하는 모습을 보였을 텐데, 아빠가 그래서 한편으로는 원망스럽기도 했는데요…. 나중에는 "갔다 와서 힘들었다"고 하더라고요. 그렇지만 아이가 해냈잖아요. 그래서 좀 변함없이 대해주는 그거가, 그런[긍정적인 역할 같은] 것도 하지 않을까 [싶어요].

면담자　　참사 나고 6년이 지났는데, 그동안 시우 엄마를 제일 힘들게 한 것이 있다면 그건 뭘까요?

시우 엄마　　자유한국당이었죠. (면담자 : 구체적으로 어떻게 힘들게 했을까요?) 존재 자체가 힘들어요(웃음). 저는 진짜 존재 자체가 힘들고요. 이해가 안 돼요, 저는. 그들의 생각이나 그 말하는 거나 그런 것들이 저는 이해가 안 돼요.

면담자　　생존 학생 부모는 참 여러모로 힘든 위치에 있지 않을까 싶습니다. 시우도 돌보고, 활동도 하시고, 어머니는 겸손하게 말

쏨하시지만, 참 어려운 6년간을 잘 견뎌오신 것 같아요. 그동안 그런 어머니께 제일 위안이 됐던 것은 무엇이었는지 말씀해 주시면 감사하겠습니다.

시우 엄마   저는 유가족이요. (잠시 침묵) 저는 참 좋아요. (면담자 : 뭐가 좋으셔요?) 그니까 그게, 그게요, (웃으며) 제가, 제가 그거[유가족들과 관계가 좋지 않을 때의 힘든 시간]를 경험을 안 해서 그런가 봐요. 그 시간은 애진 아빠하고 소희 아빠가 다 감당을 했어요. 그리고 저는 그게 이제 조금 잠잠해지고 [나서 활동을 시작했죠]. 물론 그렇기도 했어요, 저희 갔을 때 회의에 참석하면 "생존 가족들이 여길 왜 오냐?"고 이런 소리 듣긴 했어요. 근데 저는 애초에 마음이 그랬던 거 같아요. 그런 부분에 대해서 이렇게 접었던 거 같아요. 〈비공개〉

면담자   일이 있어서 가협 사무실로 가야 하는데, '가기 싫다'고 생각하시거나 그런 적은 없으셨나 보네요?

시우 엄마   '가기 싫다'고 생각해 본 적은 없는 거 같아요. 근데 제가 시우 엄마로 했으면 힘들었을지도 몰라요. 근데 저는, 그니까 좀 사심을 내려놨다고 해야 될까요? 그런 게 없는 거 같아요.

〈비공개〉 제가 사실 큰 역할을 하는 건 아니에요. 정말 따라다니는 거밖에 없거든요. 이렇게, 이렇게 얘기를 들으면 이리로 나가요. 처음에는 재욱 엄마가 얘기하는 게 다 글씨로 보였어요, 말을 하는 게. '어머, 어쩜 저렇게 잘 알지?', '어머, 저걸 어떻게 다 알 수가 있을까? 나는 기억이 안 나는데', 그리고 진짜 자괴감 들었어요, '아, 나 이렇게 멍청해 가지고 여기서 뭘 할 수 있을까, 내가'. 근데 그냥 그것도 저는 마음을 비우고 내려놨어요.

그니까는 성당 일 할 때 항상 그랬거든요. "네가 할 수 있는 만큼 해"라는 말을 많이 들었어요, 그런 게 버거울 때. 근데 그게 뭔지를 여기서 알았어요. '내가 할 수 있는 만큼'이라는 거는 내가 안 되면 안 되는 대로, 그냥 나는 손잡아 주는 것만 잘하면 내가 그걸 하면 되는 거더라고요. 근데 제가 잡아주는 손, (울먹이며) 내가 그랬을 때, 내가 힘들 때 누군가 와서 제 손을 잡아주면 저도 위로가 되잖아요, 그냥 그 마음으로 하는 거거든요.

면담자　　시우 아빠는 처음에는 그다지 찬성하지 않다가 어느 시점부터는 지지를 했나 봐요?

시우 엄마　　아니요, 처음부터 그랬어요. 처음부터 그랬고, 자기가 적극적으로 하지 못하는 걸 미안하게 생각하고…. 우리 생존 부모님 들한테도 그래요, "난 술은 살게", 우리 애 아빠가 "내가 밥은 살게" [그래요], 미안하니까. 그렇게 말해준 남편이 너무 고맙고요. 〈비공개〉 그리고 그런 데 뜻이 같다는 게 너무, 그게 참 좋아요.

면담자　　4·16 참사 이후에 어머니의 삶에서 새롭게 생긴 꿈이 랄까, 하고 싶은 거랄까 하는 것이 있으실까요?

시우 엄마　　아니요. 뭐 '꿈이야'는 아니고요, 그냥 '그래. 이렇게 아픈 사람들이 있었는데, 나는 그걸 참 외면하고 살았어…'. 그런데 제가 시우한테 한 얘기가 있어요, "시우야, 너는 니가 원하던 일은 결코 아니지만 너는 어쩔 수 없이 이 중심에 있게 됐어. 근데 이거는 피한다고 피할 수 있는 게 아니야. 그게 없었던 일이 되질 않아. 그냥 너는 평생 세월호 생존자인 거야. 근데 그거를 그러면 어떻게 받아들여야 될까?" 우리 시우가 고3 때 그 얘기, 어떤 얘기를 했냐면요, "엄마, 저는 하느님한테 기도했는데요, '제가 이거를 잘 견딜 수 있게 도와주세요'" 그렇게 기도했대요. 그게 너무 고마웠어요. '하느님, 저를 도와주세요. 저가 아프지 않게 해주세요' 그게 아니라 "내가 이거를 힘들지만 잘 견딜 수 있게 도와주세요"라고 기도했대요. 그래 갖고 너무, 너무 고마웠어요.

그런 맥락에서 그냥 "당뇨병이나 고혈압처럼 뭐 아주 이전으로 돌아갈 순 없지만", 당뇨병도 그렇잖아요, "혈압도 친구처럼 데리고 가듯이, 내가 어떤 마음으로 어떻게 그걸 받아들이느냐가 중요하다고 생각해, 이미 벌어진 일이기 때문에. 그래서 엄마는 그렇게 니가 이걸 받아들였으면 좋겠다"고, "이게 꼭 아픔이나 힘듦이 아니라, 이걸 통해서 또 배워진 게 있잖아" [하고 시우한테 말했어요]. 저도 마찬가지고요. 그니까 이 일이 우리 가족에게 이렇게 닥쳐왔지만 나 혼자 겪고 있는 일은 아니고, 같은 생존자가 있고 또 유가족들이 있는데, 서로에게 힘이 되어주고 있어요. 근데 '그건 너무 중요하고 너무 아름다운 일이구나' 하는 생각이 들어요.

면담자　　　　어머니, 이제 서서히 마지막 질문으로 가려고 하는데요. 어머니는 진상 규명이 다 되고 난 이후에 하고 싶은 일이 있으시다면 무엇일까요?

시우 엄마　　　아직 생각 안 해봤어요. 가끔 '규명이 되면 그다음에는…' 그런 생각하긴 하는데, 어떻게 해야, 그런 구체적인 생각이 안 들더라고요, 그냥 아직 멀 거 같고 좀 그런 게…. 근데 작년 말에 좀 그때 그런 생각이 들더라고요. 그니까 사참위가 끝나고 내가 회원조 직사업부에서 이제 더 이상 뭐 할 게 없어질까? 할 게 없진 않겠지만 요, 이제 또 다른 누군가도 해야 할 것 같아요. 그래서 '그럼 나는 올 해까지만 하고' 이제 작년에, '내년 [20]20년까지만 하고 그다음에는 하지 말까? 만약에 이거 회원조직사업부 일을 안 하면 나는 어떻게 여기서 같이, 내가 같이해 나갈 수 있는 게 뭐가 있을까?' 이런 생각 을 해보긴 했어요. 구체적으로 어떻게 까진 아닌데, 그런 고민은….

면담자   인서네가 유가족들, 시민들과 함께 4·16합창단에 들 어가서 활동을 하고 계시잖아요? 저는 참 보기 좋더라고요, 서로 여 러 어려움이 있겠지만 미래를 보며 서로 인내하고 보듬어주고 하는 모습이요. 어머니는 그런 활동을 생각해 보지 않으셨어요?

시우 엄마   인서네가 그렇게 한 거죠. 너무 보기 좋았죠. (면담자 : 중간에 들어갔으니까 적응이 쉽지 않으셨을 텐데, 잘 견디시고 지금도 합 창단 아주 잘하고 계시는 것 같더라고요) 너무 좋죠. 저는 '꿈마중'은 같 이 계속할 거 같고요. '꿈마중'을 하는 한은 같이할 거 같고, (면담자 : 온마음센터에서 하는) 네. 근데 지금은 장소를 거기서 빌려서 하는 거 지, 이제 이렇게 자체적인 동아리처럼, 자체적인 무슨 그런 것처럼 그렇게 되어졌거든요. 근데 그 엄마들하고 있으면은 너무너무 재미 있어요. 저희 피케팅도 같이 가는데, 차 속에서 정말 차가 들썩거릴 정도로 매일 웃으면서 가요. 서로한테 힘이 되고, 서로 염려해 주고. 저는 욕도 잘해요. 그래 가지고 (웃으며) 거기서 맨날 광화문 가면

"여기 땅 파. 묻자", 제가 맨날 그러거든요. 근데 그 굉장히 모든 걸 잃은 거 같은 분들이 어떨 때 보면 우리보다 더 크고 더 많은 걸 주는 걸 느끼거든요. 그래서 제가 좋아해요.

면담자   네. 어제 오늘 참 중요한 구술을 한 거 같아요. 생존 학생, 그리고 그 부모의 어려움들, 유가족들과의 관계, 구체적인 활동 이야기들, 시우 어머니의 깊은 마음들 모두 참 뜻깊은 내용들이었다고 생각됩니다. 마지막으로 한 말씀 남겨주시고 구술을 마무리하려고 합니다.

시우 엄마   대한민국이 정말 정의로운 사회로 바뀌었으면 좋겠어요. 거듭나고, 이렇게 피해자들이 2중, 3중으로 피해를 더 입고, 그런 고통을 겪지 않는 그런 사회가 됐으면 좋겠고요. 그 전에 이런 일들이 생기지 않게 모든 게 다 준비가 잘되면 얼마나 좋을까? 어렵겠지만. 그리고 정말 각자가 각자의 맡은 일을 책임감 있게 잘한다면 (잠시 침묵) 이런 일이 생기지 않지 않을까? 네, 그런 바람을 가져봅니다.

면담자   감사드려요, 어머니. 이것을 구술증언을 마치도록 하겠습니다.

4·16구술증언록 단원고 2학년 3반 제15권

그날을 말하다 시우 엄마 문석연

ⓒ 4·16기억저장소, 2020

기획 편집 4·16기억저장소 ∣ **지원 협조** (사) 4·16세월호참사가족협의회
펴낸이 김종수 ∣ **펴낸곳** 한울엠플러스(주)
초판 1쇄 인쇄 2020년 4월 1일 ∣ **초판 1쇄 발행** 2020년 4월 16일
주소 10881 경기도 파주시 광인사길 153 한울시소빌딩 3층
전화 031-955-0655 ∣ **팩스** 031-955-0656 ∣ **홈페이지** www.hanulmplus.kr
등록번호 제406-2015-000143호

Printed in Korea.
ISBN 978-89-460-6754-7 04300
        978-89-460-6801-8 (세트)
* 책값은 겉표지에 표시되어 있습니다.